Lilo Wanders

Voll aufgeklärt

Inhalt

Aufgeklärt ist Sex erst richtig schön

Über zehn Jahre lang habe ich mich in der Fernsehsendung *Wa(h)re Liebe* damit beschäftigt, Wissen über die Liebe und die Sexualität zu sammeln und zu verbreiten – doch das Thema ist grenzenlos und ich lerne immer noch dazu. Es gibt kaum einen menschlichen Bereich, der uns so fasziniert und der einen so großen Einfluss auf unser Leben hat wie die Sexualität.

Ich habe mich aus zwei Gründen entschlossen, dieses Buch zu schreiben: Der eine ist, dass viele Kinder und Jugendliche heutzutage von ihren Eltern nicht mehr aufgeklärt werden. Das, was sie von Sexualität wissen, haben sie aus Magazinen, Internetpornos und Bildern, die sie irgendwo sehen. Kein Wunder, wenn sie von den Eltern allein gelassen werden mit ihren Fragen. Der andere Grund ist, dass die Sexualität ein so großer Teil unseres Lebens ist und sie die Menschen so eng miteinander verbindet wie kaum ein anderes Thema.

Sexualität ist nämlich viel mehr als ein Pornofilm nachts um halb zwei und gleichzeitig viel zu schön, um nichts darüber zu erzählen.

Wenn ein Kind eine Frage zu den Fächern Mathematik oder Geschichte hat, bekommt es eher eine Antwort als bei Fragen zur Sexualität. Wer in jungen Jahren aber erlebt, dass Sex ein Tabuthema ist, wird bald keine Fragen mehr stellen und sich vielleicht sein Wissen auf eine Weise zusammensuchen, die den ganzen seelischen Bereich ausklammert.

Pädagogen und Sozialarbeiter klagen heute über die sexuelle Verrohung bei Jugendlichen und berichten von 14-Jährigen, die aus dem Stand eine Liste von Techniken und eine Abfolge von

Bewegungen aufsagen. Es gibt Kinder, die allein oder mit ihren Eltern pornografische Hardcore-Filme angucken und die sich zum Gruppensex treffen, und immer mehr Jugendliche kommen über das Handy mit Gewaltdarstellungen und Pornografie in Kontakt. Die enorme Verbreitung der Mobiltelefone und die immer bessere technische Ausstattung fördern den Missbrauch. Das Bild der Sexualität vieler junger Menschen ist durch Pornografie und Kommerz geprägt. Sie wissen viel über sexuelle Praktiken und wenig über Erotik und Liebe.

Die Mehrheit junger Menschen weiß auch sehr wenig über die biologischen Vorgänge beim Sex. Dass viele Jugendliche nicht mehr ausreichend aufgeklärt werden, habe ich bei einem Gespräch mit zwei Sozialarbeitern gemerkt.

Sie erzählten mir unabhängig voneinander, dass die von ihnen betreuten Jugendlichen glauben, ein Mädchen könne nicht schwanger werden, wenn es im Stehen Geschlechtsverkehr* hat. Als ich das einer anderen Sozialarbeiterin erzählte, meinte sie: »Meine Kids glauben, das gleiche gilt, wenn der Mann von hinten eindringt.«

---

*Geschlechtsverkehr, poppen und ficken

Geschlechtsverkehr ist der sachliche, distanzierte Ausdruck. Es gibt natürlich unglaublich viele Begriffe dafür: ficken, poppen, vögeln, bumsen – um die gängigsten zu nennen. Ich habe mich hier – in Anbetracht dessen, dass ich ja einer älteren Generation angehöre und einen »seriösen« Sexführer für ernsthafte Jugendliche schreibe – entschieden, sachlich zu bleiben. Denn ich selbst fand, als ich jung war, nichts schlimmer, als wenn die Alten meine Sprache sprechen wollten. Deshalb sollte sich jede und jeder selbst seinen Begriff dafür suchen.

Wenn wir Bescheid wissen über männliche und weibliche Sexualität, dann können wir auch viel leichter das Verhalten der Menschen verstehen. Die für sexuelle Gefühle zuständigen Bereiche im Gehirn beispielsweise sind bei Männern doppelt so groß wie bei Frauen. Deshalb springen Männer eher auf alle möglichen Reize an. Jungen schauen zum Beispiel auf ein Mädchen im Minirock. Diese Reize aktivieren bei ihnen den gleichen Hirnteil, der für Hunger zuständig ist. Wenn eine Frau das weiß, dann toleriert sie vielleicht die Blicke ihres Partners auf andere Mädels. Es ist ein Reflex, der nichts mit seinen Gefühlen für sie zu tun hat.

Kaum ein Mann weiß, dass es Frauen gibt, die zu einer Art weiblicher Ejakulation in der Lage sind. In einer intimen Situation damit konfrontiert, wird er ohne dieses Wissen wohl peinlich berührt reagieren, anstatt sich an der Ekstase seiner Partnerin zu erfreuen.

Es gibt also noch viel mehr Fakten über Sex, die genauso interessant und wichtig sind wie das Wissen über die technischen und biologischen Vorgänge. Aber daran freuen kann man sich im Grunde nur, wenn man ein gewisses Grundwissen hat. Eine Kenntnis der ganzen Bandbreite kann dazu beitragen, die Schönheit und positive Kraft der Sexualität zu erfassen, gerade auch wenn man niemals den Punkt erreicht, wo man genug oder sogar alles über Sex weiß.

>>*Sex ist bedeutungslos, wenn er schweigend und mechanisch ist. Man sollte darüber nachdenken und ihn planen wie eine Party. Wir sagen uns, was wir machen sollen, wie es sich anfühlt, was wir mögen, wann wir kommen, wie wir uns bewegen sollen. Denk immer daran, du hast noch nie etwas gedacht oder dir ausgemalt, was so schmutzig oder pervers wäre, dass ich es mir nicht schon tausendmal vorgestellt hätte. Wenn wir aufhören zu reden, ist es vorbei.*<< Anonym

Warum überhaupt Sex?

Über den Ursprung der Sexualität gibt es die wildesten Theorien. Warum hat sich diese umständliche Art der Fortpflanzung überhaupt durchgesetzt? Weltweit vermehren sich über 300 Arten von Fadenwürmern bis Blattläusen ohne jede Spur von Sex, manchmal gelingt das sogar Truthühnern. Es ist auch schon gelungen, menschliche Eizellen elektrisch so zu stimulieren, dass sie sich von allein teilten.

Aber einerlei, warum es die menschliche, lustvolle Art sich fortzupflanzen gibt – für Sex spricht: Er hält gesund, hält das Erbgut intakt und es lässt sich so der bestmögliche Nachwuchs erzeugen.

Und es hat etwas mit Gefühlen zu tun. Schon lange, bevor Menschen über ihre Gefühle gesprochen haben, war der Drang, einen Partner zu finden, eine starke Macht.

Gefühle in der Pubertät

Eine der aufregendsten und anstrengendsten Zeiten im Leben ist die Pubertät. Nicht nur die Körper der Jungen und Mädchen verändern sich deutlich sichtbar, ein mindestens ebenso großer Umschwung passiert im Seelenleben. Die Stimmungen fahren Achterbahn; eben noch himmelhoch jauchzend, im nächsten Moment zu Tode betrübt. Niemand kann sagen, wohin die Reise geht. Die Aussicht, dass nichts mehr so bleibt oder wieder so wird, wie es einmal war, verunsichert grenzenlos. Das Selbstwertgefühl von Jungen und Mädchen schwankt oft und bleibt manchmal auf der Strecke. In dieser Entwicklungsphase sind Menschen oft dünnhäutig, unsicher und leicht zu verletzen.

Das Erwachsenwerden ist mit so vielen Regeln und Aufgaben, mit Verantwortlichkeiten und Erwartungen verbunden, dass manchmal nur ein großes Gefühl von Überforderung da ist. Die Kindheit, in der man einfach so in den Tagen hineinleben kann, ist vorbei und es ist verdammt schwer, sich in der neuen Situation zurechtzufinden.

Selbst in Familien, die unbefangen mit Nacktheit umgehen, entwickeln die Kinder plötzlich ein ungeheures Schamgefühl und verbarrikadieren die Badezimmertür. Jeder Pickel ist eine Katastrophe. Einerseits wird plötzlich das Zimmer umgeräumt, um zu zeigen, dass da kein Kind mehr wohnt; andererseits herrscht in der neugeschaffenen Höhle selbst bei vorher ordentlichen Kids ein solches Chaos, dass selbst die verständnisvollste Mutter nur noch die Hände überm Kopf zusammenschlägt. Die kleinste Bemerkung vonseiten der Eltern kann eine unbändige Wut auslösen und zu Keifattacken führen. Kurz danach wird Mama oder

Papa mit einem Zärtlichkeitsausbruch überwältigt, der beide Seiten überrascht.

Die Rollenmuster werden übertrieben geübt. Jungs fallen in ein Machoverhalten und zeigen Papa und den Kumpels die Muskeln. Sie kommen besoffen oder bekifft nach Hause und sind laut und ungehobelt. Allmachtsfantasien wechseln sich mit dem Gefühl ab, all das, was verlangt wird, nicht schaffen zu können.

Mädchen schockieren durch übertriebenes Schminken und scheinen nur noch Mode im Kopf zu haben. Sie stehen andauernd vorm Spiegel, hängen stundenlang am Telefon und sind ansonsten nicht ansprechbar. Unerreichbare Popstars werden vergöttert, aber die Jungen in der Schule sind generell doof.

Große Einsamkeitsgefühle kommen auf, weil alles so kompliziert zu sein scheint. Keiner versteht mich! In manchen Familien gehen die Eltern mit Konflikten besser um als in anderen, aber die meisten scheinen vergessen zu haben, wie es ihnen selbst in der Pubertät ging. Viele Eltern sind ratlos und fragen sich, ob ihr Kind den Verstand verloren und nichts begriffen hat von dem, was sie ihm beigebracht haben. Die Erwachsenen glauben, dass ihren Kindern Äußerlichkeiten wie Geld und Statussymbole wichtiger sind als innere Werte. Dabei verstehen die Alten nur nicht, was in dem Moment in den jungen Menschen vorgeht. Sie sind einsam, finden oft alles sinnlos und wollen doch einen Sinn für ihr Leben finden.

Manche Eltern resignieren und lassen ihre Kinder einfach machen, was sie wollen. Das wird von Jugendlichen häufig so verstanden, dass sich keiner für ihre Probleme interessiert. Andere Eltern werden übermäßig streng und reglementieren mit Strafen, was nur neue Konflikte heraufbeschwört. Auch Eltern, die einen guten Mittelweg finden, wirken in den Augen ihrer Sprösslinge eigentlich nur peinlich. Diese ganzen Auseinandersetzungen und Kräche sind für Kinder und Eltern wichtig, um herauszufinden, wer man ist und was man will – um die eigene Persönlichkeit zu entwickeln. Eine eigene Identität aufzubauen ist Schwerstarbeit.

Pubertät bei Jungen

Früher wurde angenommen, dass sich die Sexualität erst mit der Pubertät entfaltet. Heute weiß man, dass auch Kinder schon sexuelle Regungen verspüren können. Aber richtig wahrgenommen wird das erst mit dem Beginn der Pubertät, die schleichend anfangen kann oder wie mit einem Paukenschlag. Irgendwann zwischen dem 11. und 15. Lebensjahr ist es für die Jungen soweit. Der Beginn und Verlauf der Pubertät ist zum großen Teil erblich bedingt und die Reihenfolge der körperlichen Veränderungen kann dadurch ganz unterschiedlich ablaufen. Wenn allerdings nach dem 16. Geburtstag noch keine sichtbaren Pubertätszeichen aufgetreten sind, sollte ein Arzt aufgesucht werden.

Das Gehirn gibt den Startschuss: Es setzt Hormone frei, die dafür sorgen, dass die Hoden anfangen zu wachsen. Durch das männliche Geschlechtshormon Testosteron verändert sich nun der ganze Körper und viele dieser Veränderungen passieren gleichzeitig.

Der Penis und der Hodensack werden größer und Haare beginnen zu sprießen. Der Körper schießt in die Höhe und die Schultern werden breiter. Die Stimme wird tiefer, weil der Kehlkopf wächst und die Stimmbänder länger werden. Der Körpergeruch wird intensiver, denn die Schweißdrüsen verändern sich, und die Haut produziert mehr Talg, sodass Pickel entstehen. Bei manchen Jungen können durch die Hormonveränderungen auch die Brustdrüsen anschwellen und schmerzen, was aber wieder vergeht. Außerdem wachsen Bläschendrüsen und Prostata und fangen an zu arbeiten. Sie produzieren die Flüssigkeit, die für die Beweglichkeit und das Überleben der Spermien nach der Ejakulation wichtig sind. Diese Sekrete machen übrigens den größten Teil des Ejakulats aus.

Wegen des vielen Testosterons kommt es in der Pubertät zu häufigen Erektionen und zu ersten Ejakulationen, die zumindest in diesem Alter kaum mit dem Willen zu steuern sind. Die Samenergüsse können auch unwillkürlich und im Schlaf passieren; solche »feuchten Träume« sind in diesem Alter ganz normal. Von nun an ist ein junger Mann zeugungsfähig und muss deshalb bei jedem sexuellen Kontakt an Verhütung denken.

Alle möglichen Gefühle oder Berührungen können erregend sein und manchmal versteift sich der Penis auch einfach nur so. Das kann zu peinlichen Situationen führen, aber man kann lernen, damit umzugehen. Jede Erregung, auch Angst, hat mit Spannung im ganzen Körper zu tun. Dagegen kann man kontrolliert atmen und so bewusst für eine Entspannung sorgen.

Pubertät bei Mädchen

Die Pubertät kann bei jeder jungen Frau etwas anders ablaufen, aber für die meisten Mädchen beginnt sie mit einem Wachstumsschub um das 10. Lebensjahr.

Es ist beunruhigend und kann Angst machen, dass ein Vorgang beginnt, der so viel Veränderung bringt. Auf einmal ist ein stärkerer Körpergeruch wahrzunehmen, über Nacht kommen Pickel und das Wachstum ist mit Schmerzen verbunden.

Zuerst verändert sich die Brust. Die Brustdrüsen beginnen zu wachsen und die Brustwarzen werden dunkler. Durch das Wachstum spannt die Haut und der ganze Bereich kann sehr schmerz-empfindlich sein. Es können Knoten fühlbar sein, die aber auf keinen Fall mit Brustkrebs zu tun haben. Die Form der Brüste entwickelt sich oft unterschiedlich und auch das Größerwerden kann asymmetrisch vor sich gehen. Meistens gleicht sich das wieder aus, aber viele Frauen haben ungleichmäßig große Brüste.

Das Becken nimmt rundlichere, weibliche Formen an und Mädchen entwickeln etwa doppelt so viel Fettgewebe wie Jungen. In dieser Zeit setzt auch die Schambehaarung ein zu wachsen.

Der Venushügel wölbt sich und die Gebärmutter beginnt zu wachsen. Auch das ist meist mit Bauchschmerzen verbunden. Es kommt zu ersten hormonell gesteuerten Regelblutungen und in den Eierstöcken reifen Eier, ohne dass es zu einem Eisprung kommen muss. Dann spricht man von »unechten« Monatsblutungen. Der Zeitraum bis zum ersten richtigen Eisprung ist bei jedem Mädchen unterschiedlich lang und kann nicht eindeutig erkannt werden. Aber schon mit dem ersten Eisprung ist ein Mädchen empfängnisbereit und kann schwanger werden. Am besten sucht ein Mädchen in dieser Zeit in Begleitung der Mutter oder einer Freundin eine Frauenärztin auf, um von dieser Seite beruhigt zu werden, dass mit ihr alles in Ordnung ist.

Mädchen beim Frauenarzt/bei der Frauenärztin

Spätestens ab dem 16. Lebensjahr sollten Mädchen regelmäßig alle halbe Jahr einen Frauenarzt oder eine Frauenärztin aufsuchen. Das klingt zunächst seltsam, denn in den meisten Fällen gehen wir nur zum Arzt, wenn wir krank sind. Und in diesem Alter ist fast alles peinlich, was mit dem Körper zu tun hat.

Aber in diesem Fall geht es um Vorsorge, möglicherweise um das Thema Verhütung mit der Pille oder einer Spirale und um ein rechtzeitiges Erkennen von Unregelmäßigkeiten. Der Körper von Frauen ist, was die Geschlechtsorgane angeht, komplizierter und empfindlicher als der von Männern. Andererseits beobachten Mädchen natürlich schon aufgrund der monatlichen Blutungen ihren Körper genauer als die Jungs. Apropos: einen Termin beim Gynäkologen sollte man nicht zum Zeitpunkt der Menstruation verabreden.

Als Erstes wird die Ärztin/der Arzt ein Gespräch führen und nach zurückliegenden Krankheiten fragen, ob Medikamente eingenommen werden, ob die Menstruation regelmäßig eintritt und ob schon sexuelle Erfahrungen gemacht wurden. Vor so einem Beratungsgespräch muss man keine Angst haben, dass es peinlich werden könnte. Ein guter Arzt/eine gute Ärztin hat Erfahrung mit solchen Gesprächen und wird diese Unterhaltung immer sehr sachlich führen.

Die Untersuchung beginnt mit einer Abtastung der Brust und danach wird die junge Frau aufgefordert, ihren Slip auszuziehen (manche sagen auch »sich unten herum freizumachen«) und auf dem gynäkologischen Stuhl Platz zu nehmen. Um sich auf dem Weg von der Umkleidekabine zum Untersuchungsstuhl nicht allzu nackt zu fühlen, kann man ein langes T-Shirt tragen. Das ist auch gut, weil man manchmal noch eine ganze Zeit warten muss, nachdem man sich ausgezogen hat.

Der Stuhl hat seitlich zwei Vorrichtungen, auf denen die Beine abgestützt werden, und am besten ist es, mit dem Becken sehr weit nach vorne zu rutschen. Per Ultraschall wird von außen der Zustand der inneren Geschlechtsorgane kontrolliert. Eine Kamera wird dabei über die mit einem Gleitgel bestrichene Bauchdecke geführt und überträgt das Bild der Organe auf einen Bildschirm.

Um den Gebärmutterhals und die Scheide zu untersuchen, verwendet der Arzt/die Ärztin ein röhrenförmiges Gerät – das sogenannte Spekulum. Durch dieses Instrument wird mithilfe eines Wattestäbchens zur Krebsvorsorge ein Abstrich des Zellgewebes genommen, das dann in ein Labor zur Untersuchung geschickt wird. Ein guter Arzt wird immer sagen, was er gerade tut. Insgesamt dauert der ganze Vorgang nur wenige Minuten. Sollte etwas wehtun oder sich unangenehm anfühlen, kann man das selbstverständlich sagen. Falls ein Mädchen noch Jungfrau ist, braucht es während der Untersuchung keine Angst zu haben, dass das Jungfernhäutchen verletzt wird.

Es folgt noch ein abschließendes Gespräch. Das Ergebnis der Laboruntersuchung wird nach einigen Tagen mitgeteilt, aber nur, wenn etwas nicht stimmt.

Generell unterliegen Gynäkologen der ärztlichen Schweigepflicht, aber bis zum 16. Geburtstag eines Mädchens kann der Arzt entscheiden, ob er in bestimmten Fällen die Eltern informiert.

Ab wann kann ein Mädchen schwanger werden? Ab wann ist ein Junge zeugungsfähig?

Weil über diesen folgenschweren Tatbestand so viele Märchen im Umlauf sind, möchte ich das noch einmal klarstellen:

Wenn ein Mädchen zum ersten Mal seine Monatsblutung hat, also ein Eisprung stattgefunden hat, ab diesem Zeitpunkt kann ein Mädchen schwanger werden. Ob es nun 10 Jahre alt ist oder 13 oder 14. Der Zeitpunkt der ersten Blutung kann völlig unterschiedlich sein. Menschen sind verschieden.

Wenn ein Junge zum ersten Mal einen Samenerguss hatte – auch wenn es im Schlaf geschieht – ist er zeugungsfähig und kann ein Mädchen schwängern. Es gibt 12-jährige Väter! Das kann – genau wie bei Mädchen – mit 11 Jahren schon so weit sein oder erst mit 13 oder 14, 15 Jahren.

Ab diesem Zeitpunkt müssen sich beide, wenn sie sexuell zusammenkommen, um Verhütung kümmern.

Der männliche Geschlechtsapparat

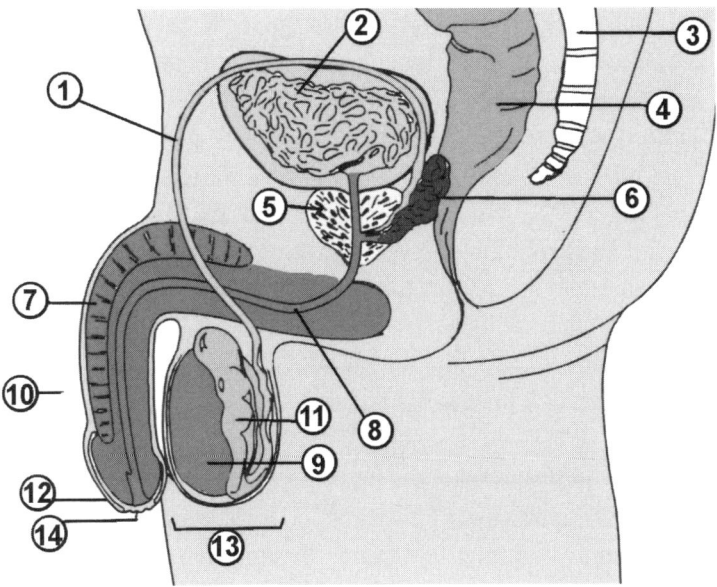

Der Penis

Der Penis setzt sich zusammen aus der Eichel, dem Penisschaft mit drei Schwellkörpern unter einer verschiebbaren Haut, dem Penisansatz, Bindegewebe, Blutgefäßen und Nervenenden.

Am Penisansatz sind die Schwellkörper des Schafts mit dem Beckenboden durch Muskelgewebe verbunden. Zwei Schwellkörpern befinden sich an der Oberseite des Penis und sind mit dem Schambein verbunden. Der Schwellkörper auf der Unterseite bildet am äußeren Ende die Eichel. In ihm verläuft die Harnröhre, deren Öffnung sich an der Spitze der Eichel befindet.

Penisgröße

Vor einiger Zeit fragte mich eine Frau: »Was ist eigentlich dran an dem Spruch ›Wie die Nase eines Mannes, so auch sein Johannes?‹« Ich habe geantwortet, das sei Quatsch. Man schaue sich die Hand eines Mannes an: Vom Mittelfinger bis zum Handwurzelknochen, größer wird er nicht. Aber auch das ist nicht die Wahrheit, sondern ein Gerücht.

In Wirklichkeit ist es so, dass es kein anderes körperliches Anzeichen für die Größe des Gliedes gibt als den Penis selber. Wir sind alle Produkte unserer Vorfahren und die Natur hat uns aus Milliarden von Möglichkeiten geschaffen. Außer bei eineiigen Zwillingen ist jede Genstruktur einmalig. Wenn also der Vater oder der eine Großvater gut bestückt war, ist das noch keine Garantie, dass er dieses Merkmal weitergegeben hat. Kann, muss aber nicht.

In der Kindheit wächst der Penis nur wenig mit, das eigentliche Wachstum beginnt in der Pubertät und ist mit etwa 19 Jahren abgeschlossen. Dafür sorgt das männliche Hormon Testosteron, das ab der Entwicklungszeit vom Körper gebildet wird. Zu Beginn der Pubertät lässt sich nicht vorhersagen, wie groß der Penis wird. Sobald er ausgewachsen ist, behält er seine Länge, auch wenn die Testosteronmenge im Blut im Lauf der Jahre abnimmt.

Männer interessieren sich sehr für Pimmelgrößen, ihre eigene und die der anderen. Es sind vor allem Heteromänner, die auf dem Pissoir oder nach dem Sport unter der Dusche ganz unbefangen nach rechts und links gucken und Vergleiche anstellen. Für sie ist das keine sexuelle Anmache, sondern ein legitimes Mittel, um ihre eigene Position in der Hierarchie der Männchen einzuschätzen. Die Penisgröße ist für die meisten Männer sehr wichtig, viele ziehen ihr Selbstvertrauen als Mann aus dem Format ihres sogenannten »besten Stücks« und meinen, dass ihre

Wertigkeit vor allem dadurch abgeleitet wird. Eigentlich macht es wenig Sinn, in einer unverfänglichen Situation Vergleiche anzustellen, denn der eigene schlaffe Penis sieht von oben betrachtet verkürzt aus und das Aussehen sagt nichts darüber aus, wie groß er erigiert ist.

Viele Männer haben einen sogenannten Blutpenis; das heißt, dass bei Erregung eine größere Menge Blut hineingepumpt wird und er erst dann seine volle Größe entwickelt. Andere Männer tragen einen Fleischpenis, was bedeutet, dass er auch im erschlafften Zustand fast die Größe einer Erektion hat und sich nur im Fall des Falles versteift und aufrichtet.

Bei schwulen Männern ist die Lage etwas anders, da bedeutet der Blick zur Seite oder das Taxieren der Wölbung in der Jeans eher ein sexuelles Interesse oder es ist der Versuch einer Anmache.

Man misst die Länge vom Bauch zur Spitze der Eichel an der Oberseite des Penis im erigierten Zustand. Der Penis ist eigentlich viel länger als er erscheint, denn er ist nicht nur außen am Körper angewachsen. Knapp die Hälfte befindet sich im Körper und verläuft bis hinter den Hodensack. Wer lernt, seine Beckenbodenmuskeln anzuspannen, kann ein Gefühl für die ganze Länge entwickeln und den Eindruck haben, Blut in den Penis pumpen zu können.

Bei einer Unfrage gaben westdeutsche Männer ihre Penisgröße im Schnitt mit 16,9 cm an, die im Osten befragten Männer bezifferten ihre Größe mit 17,5 cm. Machen wir Nägel mit Köpfen: Der deutsche Durchschnittsdödel, gemessen vom Schambein bis zur Eichelspitze, misst tatsächlich durchschnittlich 14,4 cm im steifen Zustand. Aber auch alle Abweichungen bis zu 5 cm nach oben und unten sind normal.

Der Durchmesser, gemessen an der Basis, liegt zwischen 3 und 5 cm, wobei das schon das Format einer Rasierschaumdose ist. Wenn man den Umfang misst, kommt man auf einen Durchschnittswert von 12 cm.

Tatsächlich gibt es auch Männer mit einem sehr kleinen Penis. In der Medizin spricht man ab 4 Zentimetern und weniger von einem Mikropenis. 0,6 Prozent aller Jungen werden so geboren. Die Ursache kann – so Wissenschaftler – ein Testosteronmangel im 6. Schwangerschaftsmonat sein, eine Chromosomenabweichung oder dass die Mutter Diabetikerin ist.

Die meisten Betroffenen haben laut einer Umfrage ein erfülltes Sexleben, wenn sie ihren Körper akzeptieren. Ein Eindringen ist allerdings nicht möglich. Aber wer sagt, dass ein befriedigendes Sexleben für einen Mann nur aus der Penetration bestehen muss?

Hänseleien von anderen können belastend sein, aber wenn ein Junge lernt, dass seine Wertigkeit und sein Ansehen durch andere Eigenschaften als dem Ausmaß seiner Genitalien bestimmt werden, muss das Problem nicht zu hoch gehängt werden.

Soziale Kompetenz, Freundlichkeit und Aufmerksamkeit sind den meisten Frauen wichtiger als die Größe seines Geschlechtsteils. Und auch Menschen mit anderen körperlichen Defiziten machen schließlich die Erfahrung, dass sie geliebt und begehrt werden. In der Liebe kommt es immer auf den ganzen Menschen an.

Die Länge spielt übrigens für die meisten Frauen auch beim Geschlechtsverkehr selbst keine so große Rolle. Die Vagina ist im außen liegenden Bereich empfindlicher und erregbarer als tiefer innen, sodass auch ein kleinerer Penis Lust bereitet. Die Scheide ist in den meisten Fällen um die 12 cm lang und wird erst bei Erregung größer und feuchter. Ein groß ausgestatteter Mann sollte wissen, dass manche Frauen es unangenehm oder sogar schmerzhaft finden, wenn der Penis den Gebärmuttermund berührt. Der Umfang, ein Gefühl von erfüllt sein, ist für viele Frauen entscheidender als die Länge.

Wenn der Penis eher schmal ist, kann ein Mann lernen, kreisförmige Bewegungen mit seinem Becken auszuführen. Er kann auch seinen Penis in einem schrägen Winkel einführen und so Druck auf die Scheidenwand ausüben.

Wenn einem Mann bewusst ist, dass es nicht darum geht, mit Ausdehnungen protzen zu müssen, dann wird er voller Selbstsicherheit zum Lager schreiten und seine Partnerin/seinen Partner mit Fingerfertigkeit und ganzem Körpereinsatz glücklich machen können. Ein guter Liebhaber nimmt nicht nur wahr, was mit ihm selbst passiert, sondern achtet darauf, wie seine Partnerin/sein Partner reagiert.

Wenn es trotzdem ein mangelndes Selbstwertgefühl wegen echter oder gefühlter fehlender Größe gibt, sollte man wissen, dass es operative oder mechanische Möglichkeiten der Penisvergrößerung gibt. Vielleicht ist es tatsächlich besser, nach Abhilfe zu suchen, als ständig einer Belastung ausgesetzt zu sein, die möglicherweise zu einem ernsthaften Problem wird.

Die operative Penisverlängerung verändert eigentlich nur die Optik. Bei der Operation werden die Gewebestränge, mit denen der Penis am Schambein befestigt ist, durchtrennt. Dadurch ragt er einige Zentimeter weiter aus dem Körper heraus und man hat den Eindruck einer Verlängerung.

Viele Männer haben kein vollkommen gerades Glied. Man kann sagen: Je größer der Penis, desto höher die Wahrscheinlichkeit, dass er erigiert nach links oder rechts ragt und leicht verkrümmt ist. Meistens ist das kein Problem beim Geschlechtsverkehr. Problematisch wird es erst, wenn kein Eindringen möglich ist, weil das gute Stück richtig abgeknickt ist. In solchen Fällen kann operiert werden. Dabei wird die Penishaut auf der dem Knick gegenüberliegenden Seite quasi verkürzt und vernäht, sodass er gerade steht.

Die Eichel

Die Eichel ist von Schleimhaut überzogen, durch die zahlreiche Nervenenden laufen. Gerade in diesem Bereich reagiert der Penis sehr empfindlich auf Berührungen. Weil sich der Schwellkörper der Eichel während der Erektion mit Blut füllt, wird die Eichel wie der ganze Penis dann größer und praller. Die Schleimhaut auf der Eichel sieht dann straffer aus und kann fast lila glänzen. Es ist normal, dass sich am unteren Rand und manchmal auch auf der Eichel kleine weißliche Hornhubbel befinden.

Smegma

Etwas anderes ist das Smegma. Dabei handelt es sich um abgestoßene Zellen der Vorhaut, Absonderungen von Talgdrüsen und Urinreste, die einen weißen Belag auf der Eichel bilden. Diese Vorhautschmiere wird von Bakterien zersetzt und riecht ziemlich unangenehm. Unbeschnittene Männer, deren Vorhaut mehr oder weniger die Eichel bedeckt, sollten täglich bei zurückgezogener Vorhaut das Smegma abwaschen.

Wenn ein Junge mit einem Mädchen Geschlechtsverkehr hat, kann er sie, wenn sie ungeschützten Verkehr haben – also ohne Kondom – durch mangelnde Hygiene, infizieren. Deshalb ist das Waschen von Penis und Eichel – besonders vor dem Sex – so wichtig. Aber das ist selbstverständlich eine Frage der Ästhetik, auch wenn man nur ein bisschen fummelt. Waschmittel, Duschgel und Seife sollte der Junge nicht benutzen. Warmes Wasser genügt vollkommen. Vor allen Dingen im Sommer bildet sich bei sportlichen Aktivitäten immer wieder schnell Smegma unter der Vorhaut.

Zu kurzes Vorhautbändchen

An der Unterseite des Penis läuft ein Hautbändchen, das die Vorhaut mit der Eichel verbindet. Wenn dieses Bändchen zu kurz ist, wird die Eichel bei einer Erektion unter Spannung gesetzt. Das kann unangenehm oder sogar schmerzhaft sein, und das Bändchen reißt möglicherweise beim Sex. Das ist eine ziemlich blutige Angelegenheit und kann beim Verheilen zu einer Narbenbildung führen, die das Bändchen dann noch mal verkürzt. Besser ist es auch hier, zu einem Arzt zu gehen, der das Bändchen operativ durchtrennen und so vernähen kann, dass keine Beschwerden mehr auftreten.

Phimose/Vorhautverengung

Eine Vorhautverengung (Phimose) ist bei neugeborenen Jungen fast die Regel. Sie bedeutet, dass die Vorhaut so eng ist, dass sie sich nicht hinter die Eichel zurückziehen lässt. Bis zur Schulreife ist es aber den meisten Jungen möglich, die Vorhaut zurückzurollen. Das ist für ein erfülltes Sexleben wichtig, weil die Nervenenden in der Eichel viel reizbarer sind als die schützende Haut. Außerdem lässt sich sonst nicht das Smegma abwaschen, was zu Entzündungen oder Harnwegsinfekten führen kann. Bei manchen Jungen lässt sich die Haut nicht bis zum Penisansatz schieben, dann liegt nur die Eichel frei und die Haut staut sich. Solche Männer schieben dann die Vorhaut vor einer Erektion zurück. Das ist in Ordnung, wenn das Steifwerden nicht wehtut. Wenn die Vorhaut locker über der Eichel liegt, sich aber trotzdem nicht ganz zurückziehen lässt, ist sie vielleicht nur mit der Eichel verklebt.

Eine leichte Phimose und eine Verklebung kann durch regelmäßiges vorsichtiges Hin- und Herschieben und Dehnen der

Vorhaut behoben werden. Sinnvoll ist aber auf jeden Fall ein Besuch beim Urologen, der dann entscheidet, ob eine Vorhautbeschneidung anzuraten ist.

Beschneidung/Circumcision

In einigen Kulturen wie dem Judentum und dem Islam wird bei Jungen kurz nach der Geburt aus religiösen, hygienischen oder ästhetischen Gründen eine Beschneidung der Penisvorhaut ausgeführt. Auch in den USA ist es üblich, dass viele männliche Neugeborene beschnitten werden.

Bei der Beschneidung wird die Vorhaut entfernt und die Schnittränder werden vernäht. Die dabei benutzten Fäden lösen sich nach einigen Tagen von selbst auf. Bis dahin sollte man keine sexuellen Aktivitäten ausüben, um Infektionen zu verhüten. Die nun freiliegende Eichel ist die erste Zeit empfindlicher, aber mit der Zeit gewöhnt man sich an die ständige Reibung an der Wäsche und schließlich kann es sogar länger als vorher bis zum Orgasmus dauern.

Eine Circumcision wird in der Regel bei Jungen bis etwa 14 Jahren unter Vollnarkose gemacht, bei erwachsenen Männern mit einer lokalen Betäubung am Penis. Diese Operation wird ambulant ausgeführt, nach dem Eingriff und einer Ruhephase kann man nach Hause gehen.

Der Hodensack

Der Hodensack besteht aus faltiger Haut und einer darunterliegenden glatten Muskelschicht. In der Mitte verläuft meist in Längsrichtung eine Hautnaht. Im Hodensack befinden sich normalerweise ein Hoden rechts und ein Hoden links. Zu jedem gehört ein Nebenhoden, der muschelförmig am Hoden anliegt. Von jedem Nebenhoden führt ein Samenleiter durch die Leiste in den Unterbauch, wo er in der Nähe der Prostata in die Harnröhre eintritt. Außerdem besteht der Hodensack aus Gewebe und Blutgefäßen. Der Hodensack sieht bei jedem Mann anders aus, das ist erblich bedingt. Es gibt lang herunterhängende oder eng am Körper liegende, die Größe variiert und auch die Farbe. Bei Kälte oder Anspannung zieht sich der Hodensack zusammen, sodass die Hoden näher am Körper liegen und die Haut faltiger wird.

Die Hoden

Die Hoden gehören wie die Eierstöcke der Frau zu den Keimdrüsen und produzieren die Samenzellen und das männliche Geschlechtshormon Testosteron. Die Samenzellen werden in die Nebenhoden befördert, wo sie weiter reifen. Von hier aus gelangen sie beim Orgasmus zusammen mit Flüssigkeit aus der Prostata durch die Harnröhre. Nicht benutzte Spermien werden vom Körper absorbiert.

Die Hoden wandern schon während des Wachstums im Mutterleib aus dem Bauch in den Hodensack, weil es dort kühler ist. Spermien werden nur bei einer Temperatur von ungefähr 35 Grad Celsius produziert, im Körper wäre es mit 37 Grad Celsius zu warm. Manchmal bleibt einer der Hoden im Unterleib, was aber keine Auswirkungen auf die Zeugungsfähigkeit und die Menge des Testosterons hat.

Die Hoden sind beweglich und können im Hodensack vorsichtig hin und her geschoben werden und auch mal so hochrutschen, dass sie im Bauch verschwinden. Sie sind sehr druckempfindlich und ein Schlag gegen die Hoden ist extrem schmerzhaft. Einer ist größer als der andere und hängt auch tiefer, meistens der linke.

Wenn ein Mann aus Krankheitsgründen oder als Unfallfolge seine Hoden verliert, kann er keine Kinder mehr zeugen, weil keine Spermien mehr gebildet werden. Außerdem muss er dann Testosteron als Medikament nehmen, weil sein Hormonhaushalt sonst durcheinandergerät.

Die Prostata

Nur Männer haben dieses Organ. Es liegt innen zwischen Blase und Penis und umschließt die Harnröhre. Bei Untersuchungen und Sexspielen kann man die Prostata mit einem Finger im Darm ertasten. Sie hat die Größe und die Form einer Kastanie und besteht aus Millionen von Drüsen, aus Muskeln und Faserzellen, die kontrahieren können. Ihre eigentliche Aufgabe besteht darin, ungefähr ein Drittel des Ejakulats bereitzustellen, die Spermien mit Nährstoffen wie Zink, Aminosäuren und Vitaminen zu versorgen und Enzyme beizumischen, die den Samen flüssig halten.

Durch das Zusammenziehen von Muskeln entleert die Prostata ihr Sekret explosionsartig und befördert das Sperma durch die Harnröhre. Diese rhythmischen Kontraktionen tragen mit dazu bei, den männlichen Orgasmus lustvoll zu gestalten.

Prostataentzündung

Die Prostata ist oft von Entzündungen betroffen, weil sie einen direkten Zugang zur Harnröhre besitzt, weil sie zahlreiche Drüsen enthält und weil sie stark durchblutet wird. Durch sexuelle Betätigung und durchs Wasserlassen schwillt sie oft an und ab und kann dadurch gereizt werden. Solche Reizerscheinungen müssen also nicht von Krankheitskeimen verursacht werden und es muss nicht einmal eine echte Entzündung vorliegen, um Krankheitsanzeichen auszulösen. Man spricht dann vom Prostatitissyndrom, eine häufige Erkrankung, die jeden zweiten Mann im Laufe seines Lebens betrifft.

Der weibliche Geschlechtsapparat

Jede Frau sollte ihren Körper genau kennen. Am besten gelingt das, wenn sie sich vielleicht nach einem entspannenden Bad über einen Spiegel hockt und sich dann ohne Scham betrachtet.

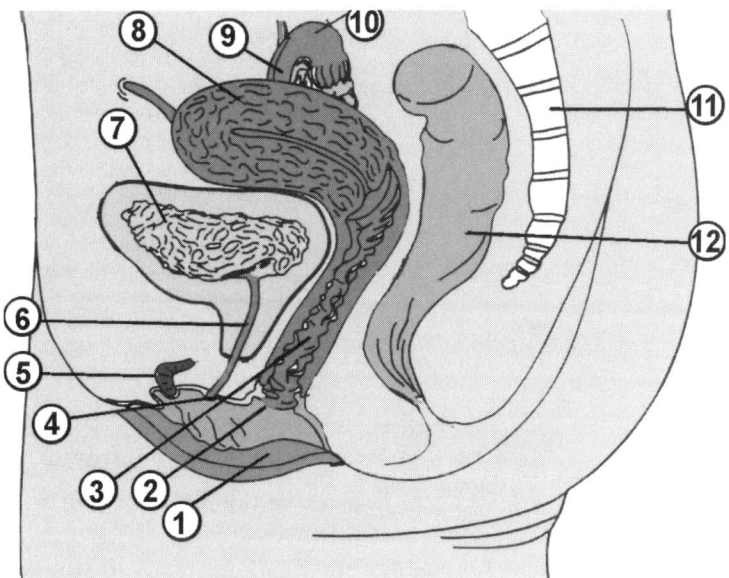

Die Vulva

Als Vulva bezeichnet man die äußerlich sichtbaren Teile der weiblichen Genitalien. Der Venushügel und die äußeren sogenannten Schamlippen sind Fettpolster, die vor Druck schützen sollen. Sie sind mit Haaren bedeckt und enthalten Schweißdrüsen. Der Haarwuchs wie auch das Aussehen der Vulva ist bei jeder Frau anders. Heutigen Schönheitsidealen folgend entfernen viele Frauen die Haare, aber von Natur aus wachsen sie oftmals bis zur Innenseite der Oberschenkel und bis zum Anus.

Zwischen den äußeren liegen die inneren Schamlippen, die manchmal länger und größer sind als die äußeren. Bei einigen Frauen sind sie dagegen nur sichtbar, wenn die äußeren auseinandergehalten werden. Oft sehen die inneren Lippen ganz unterschiedlich aus und sind verschieden groß, denn die Natur achtet manchmal nicht auf Symmetrie. Sie sind stark durchblutet und können bei Erregung anschwellen.

Die Klitoris

Die Gegend innerhalb der inneren Lippen wird Scheidenvorhof genannt. Hier treffen die inneren Schamlippen vorn zusammen bei der Klitoris, auch Kitzler genannt. Die Klitoris ist oft zum Teil von einer Hautfalte bedeckt und auch nach Zurückziehen dieser Vorhaut ist nur der kleinere Teil der Klitoris zu sehen. Den größeren Teil kann man ertasten, aber er verläuft unsichtbar im Körper. Die Klitoris besteht aus einem Schwellkörper, der sich bei Erregung mit Blut füllt und anschwillt. Sie ist das einzige menschliche Organ, das nur eine Funktion hat, nämlich Lust zu verschaffen. Durch sie verlaufen mehr als doppelt so viele Nervenenden wie im Penis, deshalb löst ihre Berührung oft den Orgasmus aus. Wegen ihrer großen Empfindlichkeit ist für manche Frauen allerdings die direkte Berührung der Klitoris zu intensiv oder unangenehm.

Zwischen der Klitoris und der Vagina liegt die Harnröhrenöffnung. Sie befindet sich nahe beim Scheideneingang und ihre Berührung kann erregend sein oder auch einen leichten Harndrang auslösen. Wegen der Nähe zur Scheide kann es beim Geschlechtsverkehr zu einer Reizung der Harnröhrenöffnung und zu einer erhöhten Anfälligkeit für Blasenentzündungen kommen.

Das Hymen

Das Hymen, das auch Jungfernhäutchen genannt wird, befindet sich nicht in der Vagina, sondern am Scheideneingang und gehört zu den äußeren Geschlechtsorganen. Das Hymen ist eine dünne Gewebeschicht, die die Scheidenöffnung teilweise bedeckt, und kann bei jedem Mädchen anders aussehen. Meist ist es rosa. Man kann es ansehen, wenn man die äußeren Schamlippen mit zwei Fingern zur Seite zieht, um den Scheideneingang zu sehen. Es ist aber nicht so leicht, das Hymen mit einem Spiegel selbst anzusehen. Wer sich traut, kann die Frauenärztin darum bitten, ihr das Hymen im Spiegel zu zeigen.

Am Vorhandensein oder am Fehlen des Hymens kann man nicht erkennen, ob ein Mädchen noch Jungfrau ist, denn es kann unbemerkt beim Sport oder durch Tampons zerreißen. Das muss nicht einmal wehtun und kann auch ohne Blutung passieren.

Wenn der Penis das erste Mal eindringt, kann das Hymen einreißen. Dann kann es, bei manchem Mädchen mehr, bei anderen weniger bluten. Meist tut das auch nicht weh. Nur etwa 20 bis 30 Prozent der Frauen bluten beim ersten Mal.

Die Vagina

Die Vagina, auch Scheide genannt, ist ein 8 bis 12 Zentimeter langer, faltiger Schlauch aus Schleimhaut. Sie ist sehr dehnbar, sodass ein Baby durchgleiten kann. Die Scheidenwand selbst hat keine Drüsen, aber die Haut ist flüssigkeitsdurchlässig. Bei sexueller Erregung wird sie stärker durchblutet und damit feuchter und die Fältelungen glätten sich, um Platz für den Penis zu schaffen. Im unteren Drittel ist die Scheide sehr empfindlich, weiter innen enthält sie weniger Nervenfasern. Trotzdem kann bei bestimmten Stellungen ein Druck im tieferen Innern für manche Frauen sehr erregend sein und zum Orgasmus führen.

Innerhalb des Scheideneingangs lässt sich auf beiden Seiten mit dem Finger der Beckenbodenmuskel ertasten. Dieser Muskel kann trainiert werden durch bewusstes Anspannen und Loslassen. Ein entspannter Beckenbodenmuskel sorgt dafür, dass die Vagina beim Sex besser durchblutet wird. Anders als beim Mann ist die weibliche Harnröhre relativ kurz und mit einem angespannten Muskel kann man verhindern, dass bei körperlichen Anstrengungen oder durch ein Lachen unwillentlich Urin austritt.

Auch ohne sexuelle Erregung ist die Scheide mehr oder weniger feucht. Während des Eisprungs ist dieser Ausfluss glasig und zieht lange Fäden. Das muss nicht beunruhigen, diese Körperflüssigkeit soll den möglicherweise eintretenden Spermien den Aufstieg in die Gebärmutter erleichtern. Vor der Menstruation ist der Ausfluss weißlich und hilft, die Gebärmutter vor Infektionen zu schützen. Mit Vaginalduschen und Deodorants wird dieses entzündungshemmende Klima durcheinandergebracht, deshalb ist es besser, diesen Bereich nur mit klarem Wasser zu reinigen.

An der oberen inneren Scheidenvorderwand liegt der sogenannte G-Punkt, benannt nach dem Gynäkologen Gräfenberg. Nicht bei allen Frauen ist dieser Bereich so empfindlich, dass er zum Lustzentrum wird. Manche haben aber aus entwicklungsgeschichtlichen Gründen an dieser Stelle Drüsengewebe, das mit der männlichen Prostata verwandt ist. So erleben sie bei vorsichtigem Druck auf diesen Punkt einen so intensiven Orgasmus, dass eine Flüssigkeit, die nicht Urin ist, aus der Harnröhre austritt. Man spricht dann von einer weiblichen Ejakulation.

Weiter oben an der inneren Vorderwand der Vagina kann der Gebärmuttermund ertastet werden. Das Menstruationsblut tritt aus dieser winzigen Öffnung aus, die sich aber wundersamerweise bei einer Geburt so weit ausdehnt, dass das Baby durchkommen kann.

Der Damm

Zwischen dem Scheideneingang und dem Darmausgang liegt der Damm, der unterschiedlich lang sein kann. Dieser Bereich wie auch der Anus kann für viele Frauen eine erogene Zone sein. Der Anus ist durch den Schließmuskel verschlossen, der aber willentlich entspannt werden kann. Das Einführen des Penis oder von Dildos kann geübt werden, aber es sollte immer Gleitgel verwendet werden. Die Darmwand produziert nämlich keine eigenen Flüssigkeiten und ist ziemlich dünnhäutig. Außerdem können Infektionen vom Darm in die Scheide transportiert werden, deshalb Vorsicht: Was im Darm war, sollte nicht ohne Reinigung in die Vagina eingeführt werden! Bei Spielen am Anus der Partnerin oder des Partners sollte man daran denken, dass Keime aus dem Darm mit dem Finger oder dem Penis überall hin – auch in die Vagina – gelangen können.

Was passiert beim Sex?

Die Erektion

Wenn ein Mann etwas sieht, hört, riecht, fühlt oder fantasiert, was für ihn spannend und sexuell anregend ist, werden Nervenimpulse vom Gehirn über das Rückenmark zum Penis geleitet. Wenn diese Botschaften im Penis ankommen, löst das dort bestimmte Mechanismen aus: Die glatten Muskelzellen in den Schwellkörpern des Penis entspannen sich und Blut strömt ein. Dadurch wird das Glied erst länger und dann hart, denn in den Adern staut sich das Blut und fließt jetzt langsamer zurück in den Kreislauf. Diese Barriere löst sich erst wieder, wenn die Reize wegfallen oder der Mann ejakuliert hat.

Nach einer Ejakulation brauchen die meisten Männer eine Erholungsphase, bis sich wieder eine Erektion einstellen kann. Dieser Zeitraum kann bei jungen Männern sehr kurz sein und wird im Laufe des Lebens länger. Einige erleben aber auch, dass der Penis nach der Ejakulation noch härter wird. Sie können dann ein zweites Mal weitermachen, wenn ihr Verlangen da ist.

Die Ejakulation

Der Orgasmus beim Mann ist in den meisten Fällen mit einem Samenerguss verbunden, kann aber auch »trocken« sein. Ob das Sperma spritzt oder nur tröpfelt, kann von Mann zu Mann unterschiedlich sein und hat oft auch mit der Tagesform und dem Grad der Erregung zu tun. Auch Aussehen und Geruch des

Ejakulats kann immer wieder anders sein und hängt teilweise von dem ab, was vorher gegessen und getrunken wurde.

Generell sollten Männer wie Frauen ihren Körper beobachten und durch Tasten oder Sehen entdeckte Veränderungen ernst nehmen.

Sexuelle Erregung bei Frauen

Wenn bei einer Frau körperliche sexuelle Erregung ausgelöst wird, steigt der Blutdruck, der Puls wird schneller, die Brustwarzen richten sich auf, die Haut rötet sich etwas. Das gesamte weibliche Geschlecht wird dann stärker durchblutet: Die Klitoris und die Schamlippen schwellen an und werden röter, und die Scheide wird weiter und feuchter. Das ist dann möglicherweise mit einem Gefühl von Wärme oder Kribbeln im Unterleib verbunden. Die Muskeln im Bauch und im Beckenboden ziehen sich zusammen.

Wenn die sexuelle Erregung bei einer Frau bis zu einem bestimmten Punkt angestiegen ist, ziehen sich Muskeln im Becken und teils auch im Bauch und sonst im Körper rhythmisch ein oder mehrere Male zusammen. Das ist begleitet von einem starken Gefühl von Lust und Genuss: dem Orgasmus. Nach dem Orgasmus fließt das Blut wieder aus dem weiblichen Geschlecht ab, die sexuelle Erregung geht zurück.

Masturbation

Enthaltsamkeit ist ebenso wenig eine Tugend wie Unterernährung, und Keuschheit ist die langweiligste sexuelle Perversion, die ich kenne.

Nun ist man nicht immer zu zweit und hat nicht immer jemanden neben, über oder unter sich. Dann kann man sein Glück selber in die Hand nehmen: Nicht umsonst reichen die Vorderbeine beim Menschen bis über die Hüftknochen und das Gute liegt dadurch nah.

»Masturbation ist Sex haben mit einem Menschen, den man wirklich liebt«, sagte Woody Allen einmal.

Neulich hat mir eine Frau erzählt, dass sie immer weinen muss, wenn sie alleine Sex hat. Nicht vor Glück, sondern vor Sehnsucht nach einem Gegenüber. Dabei ist Selbstbefriedigung durchaus nicht Sex zweiter Wahl, nur eben seelisch und körperlich anders als mit einem Partner oder einer Partnerin.

Masturbation und Verbote

Jahrhundertelang war der Einfluss der Kirche auf das Leben der Menschen immens. Weil das Erdendasein für den größten Teil der Bevölkerung wahrlich kein Zuckerschlecken war, versprachen die Religionen, dass nach dem Tode alles besser werden würde. Dabei arbeiteten die Kirchen mit den Herrschenden Hand in Hand. Es wurden Regeln aufgestellt: »Befolge diese Gesetze oder es drohen im Jenseits fürchterliche Strafen und halte dich an jene Vorschriften, und dann gibt es die Belohnung im Himmel.«

Gerade die Sexualität, durch die Menschen größtes Glück und Freiheit erleben können, war streng reglementiert. Das Ausleben von Lust war verpönt, Sexualität sollte nur zwischen Eheleuten stattfinden und dann auch nur, um Nachwuchs zu erzeugen. Und zumindest Frauen sollten jungfräulich heiraten und sich dann den Wünschen ihrer Männer klaglos beugen. Frauen und Heranwachsenden wurde bis in die Neuzeit hinein sowieso jede Form von sexueller Regung abgesprochen.

Eine Frau, die begehrt und ihre Empfindungen körperlich auslebt, war unheimlich und bedrohlich und musste gezügelt werden, und Jugendliche wurden für kindlich und unschuldig gehalten. Ein Widerspruch in sich, denn man machte sich gleichzeitig übermäßig viele Gedanken darüber, wie Masturbation bei den Kindern und Jugendlichen zu verhindern sei. Viele Frauen, die durch die Unterdrückung ihrer Sexualität in Depressionen verfielen, wurden als hysterisch gebrandmarkt.

Bis in den Beginn des 20. Jahrhunderts hinein hat man die fürchterlichsten Apparaturen und Geräte erfunden und auch benutzt, die Selbstbefriedigung und sogar sexuelle Regungen im Schlaf unterdrücken sollten. Nicht nur, dass die schlimmsten Züchtigungen ausgeführt und Höllenqualen angedroht wurden, es gab auch angebliche Erkenntnisse, dass Selbstbefriedigung zu Idiotie führen würde, dass eine Ejakulation ohne »richtigen« Verkehr das Rückenmark schädigt oder dass ein Mann nur eine bestimmte Anzahl von »Schüssen« hätte.

Freude an sich selbst

Sexuelles Begehren lässt sich nicht wie ein Schalter an- und ausschalten. Es überkommt uns wie ein Gähnen oder eine Gänsehaut, nur angenehmer. Ein Bild, ein Blick, eine Berührung, eine

Vorfreude auf ein Zusammensein, ein Erinnern – es gibt viele Möglichkeiten, auf einmal voller Lust zu sein.

Es ist nichts Verwerfliches daran, dieser Geilheit nachzugeben und wenn die Umstände es zulassen, selber Hand anzulegen. Und genauso wie beim partnerschaftlichen Sex gibt es vielfältige Formen. Man kann die Liebe mit sich selbst zelebrieren, sie vor sich herschieben und sich darauf freuen, sich später eine ungestörte kuschelige Situation schaffen mit Musik, Kerzenlicht und vielleicht sogar Spielzeugen. Man kann sich aber auch schnell abreagieren, wie im Vorbeigehen, um den Kopf wieder für andere Dinge frei zu haben.

Selbstbefriedigung kann auch eine Entdeckungsreise zu sich selbst sein. Durch das Ausprobieren, was wir mögen oder nicht mögen, lernen wir unseren Körper, unsere Vorlieben und Reaktionen besser kennen. Durch die Erfahrung, wie facettenreich wir selbst sind, bekommen wir ein größeres Verständnis der Wünsche und Vorstellungen der/des anderen. Im Zusammensein mit einem anderen Menschen sind wir dann freier, unsere Erwartungen und Bedürfnisse zu zeigen oder auszusprechen.

Verhütung

15 Prozent der Jungen und 12 Prozent der Mädchen in Deutschland benutzen beim ersten Sex keine Verhütungsmittel, 12 Prozent der 14-jährigen Mädchen haben bereits Sex gehabt und jedes Jahr werden in Deutschland an die 7000 Kinder von jugendlichen Müttern geboren. Viele wissen gar nicht, dass ein Kind gezeugt werden kann, wenn eine Samenzelle des möglichen Erzeugers auf die Eizelle der zukünftigen Mutter trifft. Selbst ohne »richtigen« Sex kann ein Kind entstehen, wenn das Sperma auf eine andere Art als durch den Penis in die Vagina gelangt wie etwa durch einen Finger. Manche haben auch Angst, die Frage nach Verhütung oder Vorsorge gegen sexuell übertragbare Krankheiten zu stellen. Sie fürchten, der Partner könne sich zurückziehen und an der Zuneigung zu ihm zweifeln. Auch wenn sich vielleicht ein ungewollt gezeugtes Kind als großes Glück herausstellen kann, ist es doch besser, auf unsicheren Geschlechtsverkehr zu verzichten, als eine Schwangerschaft oder eine Ansteckung zu riskieren.

Die Möglichkeiten der Schwangerschaftsverhütung reichen von den relativ sicheren Antibabypillen über Kondome bis zum Diaphragma, einer Kunststoffkappe, die in Verbindung mit einem empfängnisverhütenden Gel den Gebärmutterhals verschließt. Daneben gibt es hormonhaltige Depotspritzen, Spiralen und den sogenannten Coitus interruptus, die unsicherste Verhütung! Der Begriff meint, dass der Sex abgebrochen wird, wenn der Mann merkt, dass er kommt. Man kann sich vorstellen, dass schon manches Baby nach den Worten: »Ich pass schon auf«, entstanden ist.

Kondome richtig gebrauchen

Es ist ja völlig klar, wie man das macht, aber Vorsicht: Das Kondom mit Gefühl und Ruhe aus der Verpackung nehmen und beim Überziehen nicht mit den eigenen oder beim gemeinsamen Überstreifen mit den Fingernägeln der Partnerin beschädigen. Nach dem Sex mit Kondom macht es häufig beiden Spaß, sich weiter zärtlich, liebevoll und lustvoll zu berühren. Deshalb ist es wichtig, in der »Kondompause« vor einem zweiten Mal nicht mit Sperma an den Fingern oder am Penis die Partnerin vaginal zu berühren. Sonst kann das Kondom seinen Dienst nicht erfüllen.

Auch ohne eine zweite Ejakulation kann das Mädchen schwanger werden, wenn der Junge seinen Penis in die Vagina einführt. Ein paar Spermien können noch am Penis oder in der Harnröhre sein. Und das Kondom hätte genauso gut in der Packung bleiben können!

Nur Kondome schützen übrigens vor der Ansteckung mit Geschlechtskrankheiten! Wenn man also von »Safer Sex« spricht, dann heißt es: Mach's mit!

Menstruationskalender

Eine weitere Methode der Empfängnisverhütung ist nach den Ärzten Knaus und Ogino benannt. Durch Beobachtung und Aufzeichnung in einem Zeitraum von mindestens einem Jahr berechnet die Frau ihren voraussichtlichen Eisprung. Sie muss dafür einen Menstruationskalender führen, in dem die Zyklustage aufgezeichnet werden. Ein Zyklus ist der Zeitraum vom ersten Tag einer Monatsblutung bis zum letzten Tag vor der nächsten Blutung. Der weibliche Zyklus beträgt im Durchschnitt 28 Tage. Dieser Zeitraum kann aber zwischen 21 und 33 oder mehr Tagen variieren. Zyklusschwankungen sind normal und sollten kein Anlass zur Beunruhigung sein. Der Eisprung ist die kurze Phase im weiblichen Zyklus, in der die unbefruchtete Eizelle aus dem Eibläschen des Eierstocks gestoßen wird.

Anhand ihres Menstruationskalenders stellt die Frau den kürzesten und den längsten Zyklus fest. Zum Beispiel: Kürzester Zyklus: 25 Tage minus 17 = 8; längster Zyklus: 32 Tage minus 13 = 19. Daraus ergibt sich dann eine fruchtbare Zeit vom 8. bis zum 19. Zyklustag. Für diese Methode muss eine Frau sehr diszipliniert sein und hundertprozentig sicher ist sie trotzdem nicht. Die Frau ist nämlich nicht nur am Tag des Eisprungs fruchtbar und die männlichen Spermien sind im weiblichen Körper so lebensfähig, dass sie die Eizelle bis zu sechs Tage lang befruchten können. Das heißt, eine Frau kann schwanger werden, auch wenn sie am Tag ihres Eisprungs keinen Geschlechtsverkehr hat.

Körpertemperaturmethode

Eine andere Art, einen Verhütungskalender zu führen, ist die Messung der Körpertemperatur. Durch die Bildung des Gelbkörperhormons, das nach dem Eisprung gebildet wird, steigt die Körpertemperatur leicht an. Eine Frau ist unfruchtbar, wenn 6 Tage lang die Temperatur niedrig und dann 3 Tage die Temperatur um mindestens 0,2 Grad höher liegt oder gleich bleibt. Ab diesem Zeitpunkt bis zur Regelblutung kann kein Kind gezeugt werden. Lästig ist bei dieser Methode, dass die Temperatur täglich zur gleichen Zeit und an der gleichen Körperstelle vor dem Aufstehen im Bett gemessen werden muss. Dabei gibt es viele Möglichkeiten der Unsicherheit.

Antibabypille

Das sicherste Verhütungsmittel ist die Antibabypille, aber nur dann, wenn sie korrekt eingenommen wird. Der Schutz setzt sofort nach der Einnahme am ersten Menstruationstag ein, weil die Pille den Eisprung verhindert. Die Wirkung kann aber durch die Einnahme von Antibiotika, durch Brechen oder Durchfall verhindert werden. Auf jeden Fall muss die Pille verschrieben werden und der Arzt oder die Ärztin werden alle Fragen beantworten. Außerdem stehen alle wichtigen Dinge, die die Frau wissen sollte, auf dem Beipackzettel. So gilt eine Pille als vergessen, wenn sie mehr als zwölf Stunden nach dem üblichen Einnahmezeitpunkt eingenommen wird.

Bei der Pille können verschiedene Nebenwirkungen wie Kopfschmerzen oder Gereiztheit auftreten. Der Körper braucht am Anfang eine Gewöhnungszeit, um sich an die Hormongaben anzupassen. Der Nachteil der Pille ist eben, dass sie einen ständigen hormonellen Eingriff in den Körper bedeutet, was nach längerer Zeit auf unterschiedliche Art gesundheitsgefährdend sein kann.

Vaginalring

Eine andere hormonelle Verhütungsmethode ohne Einnahme von Tabletten ist seit einigen Jahren ein Vaginalring, der tief in die Vagina eingeführt wird und dort 21 Tage lang bleibt. Er gibt kontinuierlich Hormone ab und verhindert so wie eine Pille den Eisprung.

Bisher bleibt die Empfängnisverhütung vor allem Sache der Frauen. Wahrscheinlich hätten Männer für sich längst einen absolut sicheren Schutz erfunden, wenn sie es wären, die die Kinder austragen und großziehen müssten. Um eine größtmögliche Sicherheit zu haben, sollten Frauen trotz hormoneller oder anderer Verhütungsmethoden immer Kondome dabeihaben, um dem Mann seinen Anteil an der Verhütung zu zeigen und um sich vor möglichen Ansteckungen zu schützen.

Diaphragma

Ein Diaphragma ist eine Kunststoffkappe, die den Gebärmutterhals verschließt. Vor dem Einsetzen – wie das gemacht wird, zeigt auch die Ärztin – muss der Rand der Kappe mit einem Gel bestrichen werden, das Spermien abtötet. Das Diaphragma kann schon vor dem Geschlechtsverkehr in aller Ruhe eingesetzt werden, und nicht erst, wenn man miteinander zärtlich geworden ist. Denn dann kann es sein, dass man in Stress gerät und das Ding nicht richtig passt. Das Gel bleibt nämlich eine gewisse Zeit wirksam.

Coitus interruptus

Mädchen, aufgepasst! Lasst euch besser nicht auf den »Coitus interruptus« (den unterbrochenen Koitus) ein. Auch wenn er sagt: »Ich pass schon auf!« Allzu gern und allzu oft wartet er dann bis zur letzten Sekunde, bevor er den Penis aus der Vagina zurückzieht. Eigentlich möchte nämlich jeder Junge ganz kurz vor der Ejakulation nichts lieber, als seinen Penis ganz tief in der Vagina spüren. Aus diesem Grund passieren häufig »Verhütungsunfälle«. Eine Frau kann sich beim Coitus interruptus vor allem nicht ganz entspannt und lustvoll ihren Gefühlen hingeben, wenn sie die ganze Zeit fürchten muss, dass er nicht aufpasst.

Starke Gefühle

Küssen

Knutschen, schnäbeln, züngeln, busseln, abschmatzen, bützen – es gibt viele Bezeichnungen für eine der schönsten Sachen der Welt, wobei es die unterschiedlichsten Gründe fürs Küssen gibt. In vielen Ländern umarmt und küsst man sich zur Begrüßung, wobei die Küsse meistens eher angedeutet werden, und anderswo küsst man sich nur hinter geschlossenen Türen. (In manchen Gegenden auf der Welt reibt man übrigens die Nasen aneinander, anstatt sich zu küssen.) Für manche Leute ist schon ein Bussi auf die Wange ein Kuss, aber für die meisten müssen sich dabei zwei Lippenpaare berühren. Mütter möchten küssen, Freunde tun es und Frischverliebte können gar nicht wieder aufhören. Sogar Politiker küssen sich manchmal und Judas hat Jesus geküsst, um ihn zu verraten. Nur Prostituierte küssen nie. Küsse werden ausgetauscht, um Vertrautheit zu zeigen, aus Liebe und als Zeichen von Begehren. Aber auch Dinge werden geküsst, Erinnerungsstücke, Fotos, Medaillen, Kreuze oder sogar die Erde. Der 6. Juli jedes Jahres gilt als der Welttag des Kusses. Hierzulande wird immer weniger richtig geküsst und die Deutschen sind auf Platz zwei der Kussmuffel hinter den Schweden.

Angeblich verlängert sich die Lebenserwartung sich küssender Menschen um fünf Jahre, denn ein Kuss soll wie eine Schluckimpfung wirken. Über den Speichel lernt das Immunsystem fremde Viren und Bakterien kennen und kann sie so besser bekämpfen. Beim Küssen werden 29 Muskeln bewegt, was gegen Faltenbildung wirksam sein soll. Der Kreislauf kommt in Schwung und der Körper schüttet Adrenalin und Hormone aus. Küssen macht glücklich und kann sogar helfen, abzunehmen, denn beim Küssen werden 20 Kilokalorien pro Minute verbrannt, mehr als beim Joggen.

Mundgeruch oder eingerissene Lippen laden nicht zum Küssen ein, aber dem kann man ja durch Zähneputzen, Kaugummi und Lippenbalsam vorbeugen. Entwicklungsgeschichtlich scheint der Kuss aus einer Zeit zu stammen, als unter unseren Vorfahren eine Mund-zu-Mund-Fütterung üblich war. Auf jeden Fall laufen durch die Lippen so viele Nervenenden, dass Berührungen und Liebkosungen als angenehm empfunden werden.

Es gibt leidenschaftliche, romantische, kurze, freundschaftliche oder feuchte Küsse. Wenn die Zunge im Spiel ist, bekommt ein Kuss eine intime Bedeutung. Küssen fängt dann oft mit einer Umarmung an. Wenn man knutschen will, sollte man immer darauf achten, ob der Partner/die Partnerin überhaupt Lust dazu hat. Küssen macht nur Spaß, wenn beide es wollen. Andererseits kann ein Kuss Wunder bewirken und die Stimmung aufhellen, wenn sich der Partner vernachlässigt oder ungeliebt vorkommt. Fast jeder dritte Mann hebt sich den Kuss für besondere Anlässe auf. Viele Männer küssen gar nicht gern, tun es aber in der Absicht, mit der Frau, die sie küssen, Sex zu haben. Je länger eine Beziehung andauert, desto weniger mögen Männer küssen. Für Frauen ist ein Kuss wichtiger, als Gradmesser der Partnerschaft und als Bestätigung ihrer Beziehung.

Viele Menschen küssen mit geschlossenen Augen, weil man sich dabei besser auf den anderen konzentrieren kann. Wenn die Münder zueinander streben, kann es sein, dass man mit dem Kopf aneinander stößt oder die Nasen im Weg sind, aber eigentlich passiert das selten. Ein innerer Mechanismus scheint zu verhindern, dass der Kuss schiefgeht. Am besten macht man seinen Kopf von anderen Gedanken frei und konzentriert sich gleichzeitig nur auf sein Gegenüber und den Kuss.

Der leidenschaftliche Kuss

Man dreht den Kopf leicht seitlich, sodass sich die Nasen nicht berühren, und legt sanft die Lippen aufeinander. Als nächstes öffnen beide langsam ihren Mund und verstärken dabei den Druck auf die Lippen. Dann lässt man langsam die eigene Zunge in der Mund des Partners gleiten und umkreist die Zunge des anderen. Man kann die eigene Zunge wieder in den eigenen Mund zurückziehen und dann wieder nach vorne schnellen lassen. An den Reaktionen des Partners merkt man, ob man in einen gemeinsamen Rhythmus gleitet und das Küssen leidenschaftlicher wird. Eine andere Möglichkeit ist, sich ganz dem anderen auszuliefern und ihn oder sie bestimmen zu lassen, wie es weitergeht. Beim Zungenkuss kann man auch an den Lippen knappern und die Zähne mit der Zunge berühren. Oder man saugt die Zunge des anderen an oder presst die Münder so aufeinander, dass man durch den anderen atmet. Jedes Paar wird sich so aufeinander abstimmen, dass es beiden gefällt.

Küssen kann man natürlich nicht nur den Mund, sondern auch alle anderen Körperteile. Manche finden ein Knabbern am Ohrläppchen erotisch oder sie haben erogene Zonen am Hals oder in der Armbeuge. Durch saugende Küsse kann es dann allerdings dort schnell zu Knutschflecken kommen.

Küssen und Zärtlichkeit

Ein Junge glaubt häufig, dass er ein Mädchen nur dann küssen muss, wenn er mit ihr Geschlechtsverkehr haben will. Dabei ist das Küssen ein wichtiger Ausdruck von Zärtlichkeit der Partnerin gegenüber. Mädchen wollen oft auch gerne küssen und Zärtlichkeiten austauschen, wenn sie keinen Geschlechtsverkehr haben wollen. Viele Mädchen sehnen sich nach Vertrauen und wollen sich geborgen fühlen. Junge Männer sollten sich von den Mädchen ruhig zur Zärtlichkeit verführen lassen.

Flirten

Die ersten Sekunden sind entscheidend, ob wir uns für einen anderen Menschen interessieren. Dabei muss es noch gar nicht um Verliebtheit gehen, und ob etwas passieren wird, spielt auch keine Rolle. Flirten heißt diese erste, zunächst stumme Kontaktaufnahme, die mit Blicken beginnt und zeigt, dass wir jemanden näher kennenlernen möchten. Wer einen Blick erwidert und lächelt, signalisiert damit, dass er oder sie bereit ist, sich auf das unverbindliche Spiel eines Flirts einzulassen. Lächeln drückt Sympathie aus und macht beide sicherer, sich keine Abfuhr zu holen. Wenn so der erste Schritt getan ist, kommt die Körpersprache ins Spiel.

Ein Mann, der nach dem Augenkontakt mit der Frau vor allem auf Busen, Hüfte und Beine schaut, hat ein sexuelles Interesse. Umgekehrt signalisiert eine Frau dem Mann, dass sie ihn attraktiv findet, wenn sie ihren Blick immer wieder auf seinen Mund und seine Hände richtet. Auch wenn sich Rollenmuster geändert haben: Unbewusst mögen es Frauen, wenn der Mann den ersten Schritt tut. Dabei wird ein Urmuster angesprochen und er signalisiert damit, dass er ein ganzer Mann ist. Frauen stehen auf Männer, die sich nicht verstellen, die keine Angst vor ihnen haben und die den Mut aufbringen, auf sie zuzugehen und den ersten Schritt zu riskieren. Wer sich traut, selbstbewusst und charmant oder witzig den ersten Satz zu sagen, hat schon Runde zwei erreicht und gleitet, ohne es zu merken, in ein Gespräch, das unverbindlich bleiben kann oder alles möglich macht. Wichtig ist, man selbst zu sein und dem anderen/der anderen nicht etwas vorzuspielen, was man gar nicht ist. Supercoole Anmachsprüche haben den wenigsten Erfolg und übertriebene Komplimente wirken nur plump. Wer nervös und unsicher ist, sollte einfach dazu stehen. Humor zu zeigen macht symphatisch und gemeinsames Lachen lässt äußerliche Unvollkommenheiten vergessen.

Verliebtheit

Die romantische Liebe ist im Grunde eine Erfindung der letzten 300 Jahre. Mag sein, dass sich Paare auch schon vor 2000 Jahren oder eher ganz gerne hatten, aber davor gab es eben schon Jahrmillionen, wo es nur darum ging, die Art zu erhalten und weiterzuentwickeln. Damit für diesen ursprünglichen Zweck Paare zusammenfinden, hat die Natur etwas erfunden, was wir gerne gleich für Liebe halten, was aber eigentlich etwas ganz anderes ist: Es ist die sexuelle Anziehung zwischen zwei Menschen, die wir dann Verliebtheit nennen.

Inzwischen hat Mutter Natur auch die Grundabsicht, für Nachwuchs zu sorgen, aus den Augen verloren; auch Menschen des gleichen Geschlechts verlieben sich ineinander.

Im glücklichsten Fall passiert es, dass sich zwei Menschen gleichzeitig ineinander verlieben. Aber Verliebtheit kann auch einseitig sein oder nur aus einer Schwärmerei aus der Ferne für jemanden wie einen Popstar oder eine Lehrerin bestehen, ohne Aussicht auf Erfüllung.

Verliebtheit ist meistens kein Dauerzustand, sondern eher eine längere oder auch kürzere Phase, die sich auflöst und vergeht oder in die Liebe führt. Verliebtsein, so meinen Wissenschaftler, dauert höchsten 30 Monate. Trotzdem sieht man manchmal Paare, die schon viel länger zusammen sind und die dennoch einen schwer verliebten Eindruck machen.

Auf jeden Fall kann Verliebtsein nicht erzwungen werden.

Trotzdem kann man natürlich nachhelfen, wenn man sich verlieben möchte. Wer gutgelaunt durch den Alltag spaziert, wer einen großen Freundes- und Bekanntenkreis hat, wer Interessen in einer Gemeinschaft pflegt, verliebt sich einfacher und wirkt auf andere anziehend. Fröhlichkeit und Offenheit machen sympathisch und gleiche Interessensgebiete führen zusammen.

Wenn es zwischen zwei Menschen funkt, wird das manchmal wie ein Blitzschlag empfunden. Eben kannte man sich noch nicht, und auf einmal hat sich die Welt durch einen Blick, ein gemeinsames Lachen oder eine Berührung verändert. Warum dieser magische Moment gerade zu diesem Zeitpunkt zwischen genau diesen beiden entsteht, lässt sich nur schwer herausfinden. Es ist, als ob diese zwei zum gleichen Zeitpunkt auf einer Glückswelle surfen und die Welt drumherum verblasst.

Sich zu verlieben kann aber auch ein langsamer Vorgang sein. Man kennt sich, versteht sich gut, und plötzlich beginnt ein Rausch, wunderschön und gleichzeitig furchterregend.

Man möchte ständig zusammen sein, alles miteinander teilen und nie mehr getrennt sein.

Verliebtheit äußert sich durch ein sehnsüchtiges Verlangen nach der anderen Person, das sich sogar durch körperliche Symptome wie erhöhten Blutdruck, Schweißausbrüche und Zittrigkeit äußern kann. Die Wahrnehmung ist eingeengt und kann auch zu einer Fehleinschätzung des Geliebten/der Geliebten führen. Mögliche Fehler oder Charakterschwächen des anderen werden übersehen oder sogar als besonders liebenswert wahrgenommen. Nicht umsonst heißt es im Volksmund: Liebe macht blind.

Wenn einen die Verliebtheit erst einmal erwischt hat, ist ein Kampf gegen dieses Gefühl meistens ziemlich aussichtslos. Der Realitätsverlust ist ein Reiz des Verliebtseins, aber auch ein Gefahrenpunkt. Die berühmte rosarote Brille verblasst irgendwann und manchmal schärft sich von einem Moment zum anderen der Blick auf das Gegenüber und dann ist die Verliebtheit plötzlich vorbei.

Nüchtern betrachtet ist Verliebtsein erst mal eine Art Hormon-Cocktail im Blut, von allem etwas: Noradrenalin, das puscht uns, Dopamin – wir handeln wie unter einer Droge; wir fühlen Geilheit, Blindheit, Optimismus und Wahnwitz und dieses große Glücksgefühl.

Träume, Wünsche, Hoffnungen scheinen sich zu erfüllen, aber auch Gefühle wie Zweifel, Ungewissheit und Enttäuschung gehören dazu. Verliebtheit ist ein widersprüchlicher Ausnahmezustand.

Und die Menschen um uns herum glauben, wir haben nicht mehr alle Tassen im Schrank, denn ein frischverliebtes Paar kann der Umwelt schwer auf die Nerven gehen.

Vor dem ersten Sex mit einem neuen Partner/einer neuen Partnerin sind wir meistens verliebt. Und dann kommt es, wenn die Umstände es zulassen und wie es eine Freundin von mir formuliert, eben »zum Äußersten«.

Die Lust aufeinander ist bei Verliebten jederzeit schnell entfacht, und dann folgt die Aktion, egal, wo man sich gerade befindet. Durch die ständige Wiederholung des Übereinanderherfallens soll alles so bleiben, wie es ist, und gleichzeitig immer besser werden. Die Vertrautheit schweißt zusammen, kann aber auch Angst machen. Wie soll ich weiterleben, wenn dieser mir so eng verbundene Mensch einmal nicht mehr da sein sollte?

In der Sexualität überschreiten Verliebte Grenzen und trauen sich geheimste Wünsche zu äußern und ihnen nachzugehen. Im Gespräch stellt man Übereinstimmungen im Wesen fest, spricht wie kaum sonst im Leben über die tiefsten Regungen und glaubt fast an eine Fügung des Himmels, gerade mit diesem Menschen zusammen zu sein.

Das Verschmelzen miteinander kann zu großer Nähe führen, aber auch verängstigen.

Bei aller Verbundenheit mit dem anderen ist Verliebtheit auch eine Art von Selbsterfahrung durch Austausch von seelischen und körperlichen Offenbarungen. Der Selbstfindungsprozess ist gleichzeitig mit dem Entdecken des anderen verbunden. Verliebtheit auf beiden Seiten heißt, dass sich zwei Menschen in einem außergewöhnlichen Zustand kennenlernen. Dabei kann etwas Neues und Gemeinsames entstehen, aber eine Garantie dafür gibt es nicht.

Entweder geht die Verliebtheit irgendwann in eine Liebe über oder sie gelangt an einen Endpunkt, wenn alles, was zu entdecken war, offen daliegt.

Ich selbst erwische mich oft dabei, aus einer Verliebtheit heraus sofort eine Beziehung stricken zu wollen. Dabei ist Verliebtheit manchmal eben nichts weiter als nur guter Sex und ein Abenteuer, das für eine gewisse Zeit den Alltag aufregend macht.

Das erste Mal

Das erste Mal miteinander Sex zu haben ist immer ein bedeutsamer Augenblick. Egal, ob man nicht mehr »jungfräulich« ist und schon Erfahrungen hat oder es tatsächlich das erste Mal ist: Der Moment ist wichtig und jeder Mensch wird sich wohl immer daran erinnern. In den wenigsten Fällen aber ist alles perfekt.

Beim »richtigen« ersten Mal hat meistens einer von beiden schon seine/ihre Erfahrungen gemacht. Trotzdem können die Aufregung und die Anspannung dazu führen, dass man sich nicht ganz hingeben und genießen kann. Deshalb ist es wichtig, dass die äußeren Umstände zuträglich sind: ein geschlossener Raum, in dem niemand stören kann (natürlich kann es auch in einer warmen Sommernacht am menschenleeren Strand passieren); Zeit ohne Begrenzung und bei beiden das Gefühl, dass es jetzt so weit ist. Auch wenn nichts geplant ist und beide spontan übereinander herfallen, sollte man immer darauf gefasst sein, dass es passieren kann. Deshalb sollte jeder Junge und jedes Mädchen immer Kondome bei sich haben, um gar nicht in die Versuchung zu geraten, es ohne zu tun.

Beim ersten Mal tut es weh und es blutet. Muss nicht, kann aber passieren. Vor allem dann, wenn man ungeduldig ist und der Junge schnell versucht, den Penis einzuführen. Langsam geht es leichter. Umarmungen und Küsse, streicheln und liebkosen bereiten die Körper auf die Vereinigung vor, die Säfte steigen und alles flutscht, ohne dass es scheuert. Sachlich ausgedrückt: Die Produktion des Scheidensekrets wird angeregt, sodass es als Gleitmittel dient und ein schmerzfreies Eindringen des Partners ermöglicht. Auch beim Mann kann sich die Eichel durch die Vorlust befeuchten. Falls etwas unangenehm ist oder sogar wehtut, muss man es sagen. Andererseits sollten beide auch zeigen, was ihnen gefällt und wie sie es mögen. Alles andere ergibt sich dann fast wie von allein.

Wenn es für das Mädchen das erste Mal ist, kann es vorkommen, dass beim Eindringen das Jungfernhäutchen beschädigt wird und etwas Blut austritt. Normalerweise zerreißt das

Jungfernhäutchen sehr leicht, wenn der Partner behutsam vorgeht, und es tut nicht weh. Bei manchen Mädchen ist es dehnbar oder bereits durch Sport oder den Gebrauch von Tampons beschädigt. Bei einigen Mädchen kann die Vagina auch vollständig vom Jungfernhäutchen verschlossen sein. Das lässt sich durch einen kleinen ärztlichen Eingriff beheben.

... und viele andere Male: Sexstellungen

Menschen können ihren Körper beim Sex in die unterschiedlichsten Stellungen bringen. Viele dieser Haltungen haben einen Namen und die Eingeweihten wissen sofort, in welcher Position das Paar sich befindet. Sie während des Aktes zu benennen ist eher albern, aber zu wissen, was gemeint ist, kann nicht schaden.

Vorspiel

Der Begriff »Vorspiel« stammt aus einer Zeit, als man glaubte, dass Frauen erst zur Liebe geneigt gemacht, quasi vorgeglüht werden müssten. Das ist natürlich Unsinn, auch wenn es schon ein Fortschritt war, dass in diesen Zeiten Frauen überhaupt sexuelle Regungen zugesprochen wurden.

Wenn eine Frau Lust auf ihren Partner oder ihre Partnerin hat, wird sie auf ihre Art genauso erregt sein wie ein Mann. Gezielt Zärtlichkeiten als Vorspiel einzusetzen hat etwas Berechnendes und steht im Gegensatz zu dem, was wir eigentlich wollen, nämlich uns im Liebesspiel verlieren und das Denken ausschalten.

Wenn man so will, ist eigentlich alles, was zwischen sexuellen Begegnungen passiert, ein Vorspiel. Ein aufmerksamer liebevoller Umgang miteinander im Alltag hat bestimmt mehr Einfluss auf das, was beim Sex passiert, als gezielte Streicheleien und ein Abtasten der sogenannten erogenen Zonen.

Missionarsstellung

Die wahrscheinlich am häufigsten eingenommene Position ist die sogenannte Missionarsstellung. Dabei liegt die Frau mit gespreizten Beinen auf dem Rücken und der Mann mit gestreckten Beinen auf ihr. Die unten liegende Frau kann sich dabei kaum bewegen, aber so können sich beide beim Sex in die Augen sehen und im Gesicht des anderen lesen, was in ihm/ihr vorgeht. Auch zwei Männer können in dieser Stellung Sex miteinander haben, wobei der unten liegende seine Knie an die Brust zieht oder dem Partner seine Beine über die Schultern legt.

Reiterstellung

Die Reiterstellung ist eine der beliebtesten Positionen beim Geschlechtsverkehr. Der Mann liegt auf dem Rücken; die Frau steigt über ihn und führt auf ihm kniend oder hockend den Penis ein. Diese Stellung ist besonders geeignet, wenn der Mann in seiner Bewegungsfähigkeit eingeschränkt ist. Der untere Partner muss sein Gewicht nicht stützen wie bei anderen Stellungen, er kann aber durch aufwärtsgerichtete Stöße aktiv werden oder einfach passiv genießen.

Bei der Reiterstellung befindet sich die Frau oder der oben hockende Mann in einer aktiven Position und hat die Kontrolle, wie tief der Penis eindringt.

Hündchenstellung

In der Hündchenstellung oder »von hinten« kniet der aufnehmende Partner auf allen Vieren und spreizt leicht die Beine, der einführende Partner nähert sich von hinten. So können die Vagina oder auch der Anus penetriert werden. Die Eichel des Mannes wird stark gereizt, die Klitoris der Frau nur wenig. Da der hinten liegende Mann aber bei dieser Stellung beide Hände frei hat, kann er damit Wonnen verschaffen. Küssen und Blicke ins Gesicht sind nur möglich, wenn ein deutlicher Größenunterschied vorhanden ist.

Löffelchenstellung

Der Name der Löffelchenstellung stammt von der Ähnlichkeit mit zwei ineinanderliegenden Löffeln im Besteckkasten. Dabei liegen die Partner auf der Seite, und der »aktive« Partner dringt von hinten in die Vagina oder in den Anus des »passiven« Partners ein. Auch in dieser Stellung haben die Partner keinen Blickkontakt, aber die Körper sind eng aneinandergepresst. Der hintere Partner kann den vorderen überall berühren und man kann sogar in dieser Position nach dem Orgasmus einschlafen. Viele Frauen bevorzugen diese Stellung beim Sex in der Schwangerschaft, weil der Bauch entlastet wird.

Französisch

Als »Neunundsechzig« oder »französisch« wird die Stellung bezeichnet, bei der beide Partner sich gleichzeitig gegenseitig mit dem Mund befriedigen. Die Zahl 69 symbolisiert, wie die Körper ausgerichtet sind. Die Partner befinden sich übereinander oder auf die Seite gedreht, sodass das Gesicht des einen jeweils bei den Genitalien des anderen liegt. Diese Stellung kann zwischen Mann und Frau, aber natürlich auch zwischen zwei Männern oder zwei Frauen eingenommen werden.

Die orale Stimulation des Penis wird Fellatio genannt, während die orale Stimulation der weiblichen Geschlechtsorgane Cunnilingus heißt.

Analverkehr

Wenn ich in meinem Bühnenprogramm *Sex ist ihr Hobby* ins Publikum frage: »Es gibt ja Länderzuordnungen zu bestimmten Sexpraktiken – weiß jemand, was ›griechisch‹ bedeutet?«, dann schlägt mir meist betretenes Schweigen entgegen. Hin und wieder kommt dann ein verschämtes »von hinten« und eine Dame meinte mal, da müsse man beim Sex kein freundliches Gesicht machen. Im Grunde weiß aber jeder, dass mit »griechisch« Analverkehr gemeint ist, eine Penetration in den Anus.

Über dieses Thema spricht man nicht, obwohl über 40 Prozent der heterosexuellen Männer und Frauen Erfahrungen haben mit dieser Spielart der Sexualität. Viele Männer und Frauen finden Analsex sexuell erregend. Die Analgegend, also die Gegend um den Po und innerhalb des Anus hat viele empfindliche Nervenzellen.

Meistens – aber nicht immer – geht es darum, dass der Mann den eindringenden und die Frau den aufnehmenden Part übernimmt. Eigentlich eine naheliegende Art des Verkehrs, nur dass es hier um den Po geht und alles irgendwie peinlich ist, was mit dem Hintern zu tun hat.

Ein zusätzliches Tabu ist die Tatsache, dass Männer eine spezielle Lust spüren können, wenn sie beim Analverkehr die »passive« Rolle übernehmen. Diese Lust kann dadurch entstehen, die gewohnte Rolle zu verlassen und sich hinzugeben. Und es gibt es einen körperlichen Grund: die Prostata, auch Vorsteher-drüse genannt. Ihre vorsichtige Berührung kann nämlich große Freude bereiten. Die Wonne, die bei gezielter Stimulation von der Prostata ausgeht, hat ihr auch die Bezeichnung »männlicher G-Punkt« eingebracht. Das kann sogar in einem analen Orgas-mus münden, der sich so ganz anders anfühlt als der »normale« Höhepunkt. Somit entpuppt sich die Prostata als ein verkanntes Geschlechtsorgan des Mannes.

Die meisten Männer haben ein Problem, sich selbst oder an-deren einzugestehen, dass sie durchaus anale Lust erleben kön-nen.

Wir sind seit ewigen Zeiten darauf geeicht, dass der auf-nehmende Teil in einer sexuellen Beziehung – sprich: die Frau – auch die unterlegene und damit mindere Rolle übernimmt. Das ist natürlich Quatsch, aber ein inzwischen überkommenes Bild von Männlichkeit verhindert die Einsicht.

Viele heterosexuelle Jungen und Männer sind durchaus fas-ziniert von schwulen Paaren, ohne selbst Interesse an Männern zu haben, und interessieren sich dafür, wer von den beiden Part-nern »die Frau« ist. Ein Schimpfwort wie »Arschficker« zeigt die Irritation von manchen heterosexuellen Menschen, mit der Situation umzugehen. Dabei zielt das verhüllte Interesse darauf, wie es ist, »passiv« zu sein, dabei Lust zu empfinden, also die »aktive« Rolle aufzugeben und trotzdem ein Mann zu bleiben.

Zurück zur Prostata, im wahrsten Sinne des Wortes. Wer sich auf die Suche nach ihr machen will, muss gar nicht so sehr in die Tiefe gehen.

Eine leichte Massage von außen auf dem Damm auf halber Strecke zwischen Hodensack und After kann schon als Druck auf die Prostata empfunden werden und ist eine gute Vorberei-tung für die weitere Erkundung. Wer sie dann von innen berüh-ren möchte, sollte sich vorbereiten: Keine spitzen Fingernägel und reichlich Gleitgel sind die besten Voraussetzungen, um nach etwa 5 Zentimetern ans Ziel zu kommen.

Nun kann man ausprobieren, wie viel Streicheln Spaß macht. Dafür sollte man aber eine Bereitschaft haben und unverkrampft an die Sache herangehen. Wer Bedenken hat, dass es schmutzig werden könnte, sollte vorher ein heißes Bad zur Entspannung des Schließmuskels nehmen und eine Spülung machen.

Wer sich die Prostata massieren lässt, sollte seiner Partnerin oder seinem Partner sagen, wie sanft oder fest er es mag. Mit etwas Übung kann es dabei zum Höhepunkt mit einer Ejakulation kommen, eine ganz andersartige Erfahrung als der gewohnte Orgasmus.

Bitte Vorsicht beim Gebrauch von Spielzeugen. Alles, was zerbrechen könnte oder so klein ist, dass es im Darm verschwinden kann, ist absolut Tabu! Es kann zu lebensgefährlichen Verletzungen kommen und selbst wenn die Sache glimpflich ausgeht, ist ein Arztbesuch oft nötig und nicht angenehm.

Ein Mann, der liebevoll mit seiner Prostata umgeht, kann damit sogar eine Art Vorsorge betreiben. Die Vorsteherdrüse vergrößert sich nämlich bei fast allen Männern im Laufe des Älterwerdens und sorgt dann durch Druck auf die Harnröhre für Probleme beim Pinkeln. Wer sich öfter mit ihr beschäftigt, merkt dann eher, ob medizinische Hilfe nötig wird, und kann damit sogar eine Operation vermeiden oder einer Krebserkrankung vorbeugen.

Sexuelle Abweichungen

Heute wird es immer schwieriger, sogenannte sexuelle Abweichungen zu definieren. Inzwischen werden Sexpraktiken, die früher als pervers bezeichnet wurden, allgemein in der Gesellschaft als »normal« angesehen. Analsex, oraler Sex, Sexualität gleichzeitig mit mehreren Personen, zusehen oder zusehen lassen, Homo- oder Bisexualität, Partnertausch, Sexspielzeuge und vieles mehr – alles ist möglich und wird auch in den Medien thematisiert. Eine lustvoll und angstfrei gelebte Sexualität macht glücklich und hat positive Auswirkungen auf das ganze Umfeld. Trotzdem muss man akzeptieren, dass Menschen je nach Erziehung und Milieu diese Freizügigkeiten unterschiedlich bewerten. Für mich ist das Wichtigste, dass alle Beteiligten wissen, was sie tun und dass sie bei klarem Verstand sind und von ihren Partnern oder Partnerinnen nichts verlangen, was diesen nicht gefällt.

Orgasmus

Wie lange dauert es bis zum Orgasmus?

Es gibt im Grunde keine Vorschrift, wie lange es bis zum Höhepunkt dauern muss. Für eine amerikanische Studie ließen Wissenschaftler Paare im Labor miteinander »poppen«. Dabei hielten die Forscher die Dauer des Beischlafs sekundengenau fest und befragten die Paare anschließend nach ihrem Zeitgefühl.

Die Männer taxierten den Akt auf eine Dauer von ungefähr 30 Minuten, die Frauen meinten 15 Minuten. Im Durchschnitt dauerte der Akt 3 Minuten und 11 Sekunden. 3 Minuten ist genau die Zeit, die Männer durchschnittlich rein mechanisch brauchen, um zum Höhepunkt kommen. Und das ist weniger, als ein gutes Frühstücksei benötigt.

Was passiert beim Orgasmus?

Wenn Männer und Frauen Sex miteinander haben, treffen im Grunde zwei sich ähnelnde, aber doch unterschiedliche Systeme aufeinander. So ist es kein Wunder, dass das Erlebnis körperlich teilweise verschieden empfunden wird.

In dieser »Phase« fühlen beide eine Wärme im Unterleib, der Puls, Blutdruck und die Atemfrequenz steigen an und die Aufmerksamkeit für die Umgebung verringert sich. Beim Mann wird der Penis größer und schließlich steif; die Vagina der Frau vergrößert sich und wird feucht, die Klitoris schwillt an und auch die Brustwarzen erigieren. Die Muskeln spannen sich an und die Haut rötet sich im Gesicht, auf der Brust und auf anderen Körperregionen. Kurz vor dem Orgasmus sind beim Mann die Hoden vergrößert und die Erektion ist am stärksten. Nach dem Höhepunkt schwillt bei den meisten Männern der Penis ab und sie reagieren nicht mehr auf Reize. Im Gegensatz dazu bleiben viele Frauen weiter erregbar, aber wenn klar ist, dass es nicht mehr weitergeht, normalisiert sich die Atmung und beide genießen das Wohlgefühl nach dem Orgasmus.

In Lehrbüchern heißt es über den Orgasmus des Mannes: Samenleiter, Samenblase und Prostata verengen sich rhythmisch. (So was kann ein Mann übrigens auch haben, wenn er eine brenzlige Situation wie einen Flugzeugabsturz überlebt, im Grunde eine Art Stresssyndrom.) Durch die Harnröhre werden dann 80 bis 240 Millionen Spermien mit einer Geschwindigkeit von ca. 16 Stundenkilometern herausgeschleudert, was nebenbei eher der Geschwindigkeit eines Radfahrers entspricht. Ein Niesanfall erreicht einen Ausstoß von 160 Kilometern in der Stunde.

Das passiert nach 30 bis 60 Beckenstößen, manchmal auch schon nach ein oder zwei, mit 3 bis 10 Ejakulationsspritzern, mit Pausen dazwischen von etwa 0,8 Sekunden. Ich frage mich, wie man das gemessen hat.

Auf jeden Fall ist nach 2 bis 8 Sekunden für die Herren der Schöpfung alles vorbei. (Der Orgasmus eines männlichen Schweins dauert 30 Minuten.) Manche Männer glauben ja deshalb gern, dass sie zu kurz kommen.

Dabei kommen sie eigentlich nur zu früh – jedenfalls aus Sicht einiger Frauen. Die kommen langsamer, aber manchmal auch gewaltiger. Erst nach etwa 15 Minuten ist es so weit. Der vordere Teil der Vagina zieht sich in 3 bis 5 Kontraktionen rhythmisch zusammen und die Gebärmutter zuckt, fast wie bei Geburtswehen.

Nach 15 Minuten ist es also bei der Frau so weit, und auch bei ihr dauert der Orgasmus nur 3 bis 10 Sekunden. Alles, was – bei beiden, Mann und Frau – länger dauert, ist ein deutlicher Hinweis: Vorgetäuscht!

Es gibt übrigens Möglichkeiten, die Echtheit zu überprüfen: Beim vorgetäuschten Orgasmus ist nur die Großhirnrinde aktiv, der echte Orgasmus wird vom Stammhirn gesteuert. Um das nachzuweisen benötigt man allerdings einen Positronen-Emmissions-Tomografen. Aber wer hat sowas schon im Schlafzimmer außer mir?

Zwischen Kopf und Unterleib herrscht beim Sex ein reger Austausch an Informationen, und der erfolgt mittels vom Hirn ausgeschütteter Hormone. Beim Mann wird durch die Ejakulation das Belohnungszentrum im Hirn aktiviert, es schüttet Oxytocin aus. Dieses Hormon stoppt Angst- und Stressgefühle, zugleich wird das Schmerzempfinden heruntergesetzt. Es gibt Stellungen, bei denen wir zum Beispiel auf den Knien hocken oder unsere Gelenke und Bänder überdehnen. Den darauf natürlicherweise einsetzenden Schmerz bemerken wir während des Aktes aber nicht. Denn das Oxytocin wirkt wie ein Opiat und weist morphiumähnliche Eigenschaften auf.

Oxytocin wird nicht nur beim Orgasmus ausgestoßen, sondern auch bei zärtlichen Berührungen. Eine emotional nicht ganz folgenlose Substanz: Denn sie verhindert nicht nur negative Gefühle wie Angst und Schmerz, sondern fördert das Liebesempfinden. Da braucht es niemanden zu wundern, wenn ein sonst eher dröger Mensch seiner Partnerin oder seinem Partner im Rausch der Sinne ein: »Ich liebe Dich«, ins Ohr haucht. Die Hormone sorgen für den Überschwang.

Nach dem Orgasmus schüttet das Hirn außerdem Prolaktin aus, ein weiteres Hormon. Dieser Botenstoff verschafft uns ein starkes Gefühl der Befriedigung – bremst aber zugleich bei Männern die Erregung herunter.

Bei den Männern läuft ein ganz »gemeiner« chemischer Prozess ab. Sie werden einfach schlagartig müde, wenn sie fertig sind. Und ihre Partnerin liegt dann oft daneben und ist enttäuscht oder traurig. Aber es liegt am Hormon Prolaktin: Es macht sie glücklich – aber müde.

Frauen haben dagegen nach dem Sex oft einen Energieschub.

Warum kommen Frauen und Männer nicht synchron?

Auch da hat die Natur sich etwas dabei gedacht.

Er soll seine Spermien produktiv abgeben und das Ei befruchten. Deshalb ist damit zur Belohnung der Orgasmus gekoppelt. Käme die Frau schneller als er, würde sie doch sagen: Nun sieh mal zu, wo du deine Eier lässt.

Das sind alles statistische Erkenntnisse. Nichtsdestoweniger sind wir alle Einzelwesen mit unterschiedlichster Ausprägung. Natürlich gibt es Frauen, die selbstverständlich und gern sofort kommen, wie es Männer gibt, die ihren eigenen Höhepunkt hinauszögern und es genießen, sich zurückhalten zu können.

Nach meiner Erfahrung ist die Frage der richtigen Dauer reine Geschmackssache. Manche Paare, die vertraut miteinander sind, brauchen nur wenige Minuten bis zum gemeinsamen Orgasmus und bestätigen einander damit ihre Verbundenheit. Manchmal kann ein sekundenschneller Quickie zwischen dem ersten Klingeln des erwarteten Besuchs und dessen Klopfen an die Wohnungstür im fünften Stock ganz besonders erquicklich sein. Oder das Paar lässt sich Zeit und zelebriert ein Fest aller Sinne, was in der heutigen Zeit oft erst organisiert werden muss und deshalb nicht alltäglich sein kann.

Zu früh ist nur dann zu früh, wenn wir selbst finden, dass es zu früh war.

So wie es beim Wetter eine tatsächliche und eine gefühlte Temperatur gibt, so gibt es dieses Phänomen eben auch beim Sex.

Das Zu-früh-Kommen/Ejaculatio praecox

Trotzdem ist das vorzeitige Kommen neben der Impotenz das häufigste Sexualproblem der Männer. Im Grunde kann jeder in diese Situation geraten und einen verfrühten Höhepunkt erleben. Zu früh bedeutet: Der Orgasmus nebst Ejakulation setzt ein, bevor, während oder kurz nachdem der Mann eindringt, und ist nicht kontrollierbar. Das ist wie bei einem Niesanfall: einfach nicht zu steuern.

Wenn es mal passiert, ist das noch kein Beleg für eine sexuelle Störung. Wer besonders aufgeregt ist, weil es das erste Mal mit einer neuen Eroberung geschieht, oder wer lange keinen Sex hatte, dem kann es passieren, dass er sein Pulver vorzeitig verschießt. Und eigentlich wollen die meisten Männer den Moment, in dem sie loslassen und die Kontrolle verlieren, selbst bestimmen. Neben der Peinlichkeit kommt dann die Angst: Was ist, wenn das öfter passiert?

Sexualmediziner sprechen von einer Ejaculatio Praecox, wenn dieses Problem immer wieder vorkommt, und zwar über einen Zeitraum von mindestens sechs Monaten. Es gibt verschiedene Formen des Frühstarts:

- Die Ejaculatio praecox ante portas. »Ante portas« kommt aus dem Lateinischen und bedeutet: vor den Toren. Das bedarf eigentlich keiner weiteren Erklärung. Er schießt los, bevor er eindringen kann. Die Erregung durch Gedanken oder die Vorfreude ist so groß, dass es überhaupt nicht erst zur Penetration kommt.

- Eine weitere Form ist die Ejaculatio praecox während des Eindringens. Da macht der ganze Sex keinen Spaß. Denn durch die Penetration ist nach weitläufiger Meinung eine der schönsten Hürden zwar genommen, doch das Beste sollte sich nun erst anschließen.
- Und dann gibt es noch die Ejakulation nur wenige Sekunden nach der Penetration. Auch das ist ärgerlich.

Neuerdings unterscheiden die Mediziner zwei grundsätzliche Arten der Vorzeitigkeit: dem primären und dem sekundären vorzeitigen Orgasmus.

Der primäre vorzeitige Orgasmus tritt häufig schon in der Pubertät auf. Der Heranwachsende kann beim Masturbieren nicht steuern, wann er zum Ende kommt. Aber auch viele erwachsene Männer haben mit dieser Form der Störung zu tun. Bei den Betroffenen handelt es sich in aller Regel um generell aufgeregtere Menschen. Dieser Typ Mann ist oftmals stressgeplagt, vielleicht aber auch ein ängstlicher Typ mit einer großen Neigung zu Adrenalinausstößen.

Dummerweise neigt das Gehirn dieser Männer dazu, eine lästige Verhaltensweise zu erlernen. Das kennen wir aus anderen Bereichen: Wir sitzen falsch vor unserem Computer und gewöhnen uns daran – und auch die Nikotinsucht wird niemandem in die Wiege gelegt. Wir trainieren uns das Falsche regelrecht an, denn unser Gehirn merkt sich intensive und wiederholte Erfahrungen. Je mehr sich unsere Nervenbahnen durch diesen Lernprozess ändern, desto stärker verinnerlichen wir dieses Verhalten.

Beim vorzeitigen Samenerguss funktioniert das so: Ein Mann kommt beim Akt zu früh. Und das ist ihm verständlicherweise peinlich, denn eigentlich sollte es ja so richtig nett lange dauern. Aber dann ist schon alles vorbei, bevor es so richtig losgeht. Und zur Scham gesellt sich die Angst, dass es wieder passieren kann.

Diese Angst schießt dann beim nächsten Mal in den Kopf und der Körper produziert eine Extraportion Adrenalin, ein Hormon, das zu Höchstleistungen befähigt. Mit Adrenalin im Blut können wir alles schneller. Schneller laufen, schneller fliehen und eben auch schneller kommen. Ehe wir uns versehen, ist es also wieder passiert. Und das erneute Missgeschick setzt sich wiederum tief in uns als Erfahrung fest. Auf diese Weise wird unser Hirn nach und nach aufs Zu-früh-Kommen programmiert. Die Angst davor löst die eigentlich unerwünschte Reaktion erst aus. Experten sprechen dabei von einem Selbstverstärkungsmechanismus.

Übungen gegen das Zu-früh-Kommen

Doch all das ist kein Grund zur Verzweiflung, denn genau darin liegt auch die große Chance: Die Ejaculatio praecox ist offensichtlich ein zumindest in Teilen erlerntes Verhalten. Und was wir lernen, können wir ebenso gut auch wieder verlernen. Das Fehlprogramm wird dabei praktisch überschrieben. Und dies geschieht mittels einiger Übungen.

Denn körperliche und geistige Entspannung ist eine der wichtigsten Grundvoraussetzung für lustvoll erlebten Sex. Klingt banal, wird aber nur selten beherzigt. Die besten Entspannungsübungen vermitteln autogenes Training oder Yoga. Wer auf diese Weise lernt, sich zu entspannen, hat nicht nur auf sexuellem Gebiet mehr vom Leben.

Eine weitere Vorraussetzung, um das vorzeitige Kommen zu verhindern, ist richtige Atmung. Das lässt sich ganz einfach erklären: Wer beim Sex spürt, dass der Orgasmus kurz bevor steht, hält instinktiv mit seinen Bewegungen inne und begeht den Fehler, die Luft anzuhalten. Dadurch wird wieder einmal Adrenalin freigesetzt. Eigentlich ein gut gemeinter Schutzmechanismus des Körpers: keine Atmung. Dann wird jetzt besonders viel Leistung und Durchhaltevermögen benötigt. Und nichts ist hierfür besser geeignet als Adrenalin. Eigentlich richtig, aber in diesem Fall völlig falsch, denn Adrenalin fördert auch die Ejakulation. Und noch eine weitere Reaktion wird durchs Luftanhalten gefördert: Wir reichern das Blut mit Kohlendioxid an, das eigentlich durch das Ausatmen entsorgt werden sollte. Und Kohlendioxid beschleunigt ebenfalls den Ejakulationsvorgang.

Richtig atmen ist gar nicht schwierig und bedeutet: gleichmäßige Zwerchfellatmung, also in den Bauch hinein. In der Rückenlage legt man die flache Hand auf den Bauch und atmet ruhig ein und aus. Dabei spürt man deutlich, wie die Bauchdecke sich kontinuierlich hebt und senkt. Wenn sich aber der Brustkorb bewegt – oder gar nichts – dann atmet man falsch.

Eigentlich ganz einfach.

Wichtig ist es, ein Gespür dafür zu entwickeln, wie es ist, nicht sofort zum Orgasmus zu kommen. Das kann man mit der Partnerin oder dem Partner üben, aber es gibt auch Methoden, sich allein zu trainieren. Dafür geht es zurück zum Anfangspunkt: Beim Masturbieren kann man sich ganz auf sich selbst konzentrieren. Alles, was erregt und auf das Ziel zusteuert, ist zunächst erlaubt. In den letzten Momenten vor dem Orgasmus aber wird abgebrochen. Die Methode kann ganz unterschiedlich sein. Der eine versucht, an etwas zu denken, was abtörnt und absolut nichts mit Sex zu tun hat; bei einem anderen funktioniert es besser, wenn er den Penis an der Wurzel zusammendrückt und ein dritter verhindert den Höhepunkt durch konzentrierte Atmung und der Vermeidung jeder Berührung.

Bei Partnerübungen geht es zuerst nur um Streicheleinheiten. Dabei überlässt der Mann seiner Partnerin oder seinem Partner die Regie. Dabei geht es darum, Erregung zu erleben und in gewisser Weise auszuhalten, ohne gleich den Endpunkt anzustreben. Erst nach mehreren solcher Übungen geht es einen Schritt weiter. Nach dem Eindringen signalisiert er, wenn er gleich so weit ist. Der/die andere stellt sofort sämtliche Bewegungen ein, bis das Erregungsniveau sich deutlich reduziert hat. Dann gibt er wieder ein Zeichen – und der/die andere setzt die Bewegungen fort. Diese Übung wiederholen beide einige Male – und erst dann darf er ejakulieren.

Als Einstieg ins Training bietet sich auch eine körperliche Übung an, die man ständig und überall ausführen kann. Das Tolle an ihr ist, dass niemand merken wird, was man gerade tut. Man denkt an den Bereich zwischen Hodensack und Anus und bewegt die Muskeln dort, wie manche Männer den Bizeps spielen lassen. Durch Abwechseln der An- und Entspannung wird dieser Bereich tatsächlich trainiert, sodass allein dadurch der Orgasmus hinausgezögert werden kann.

Oder man masturbiert mit einem Schuss Gleitcreme. Sie reduziert die Empfindlichkeit und die Reize fallen niedriger aus.

Nebenbei: Bei der Benutzung von Kondomen zur Empfängnisverhütung oder zum Schutz vor Geschlechtskrankheiten ist dringend darauf zu achten, wasserlösliche Mittel einzusetzen, denn fetthaltige Cremes und Gels greifen die Gummis an, sodass sie nicht mehr schützen.

Von Liebe und Eifersucht

Manchmal habe ich den Eindruck, dass eine große Verwirrung darüber herrscht, was Liebe eigentlich ist. Und es gibt sehr viele verschiedene Vorstellungen von der Liebe.

Manche Printmedien und Fernsehformate wollen uns glauben machen, dass Beziehungen vor allem auf materiellen Vorteilen, Egoismus und Äußerlichkeiten gründen. Ich verstehe, dass es verführerisch ist, diese Sichtweise zu übernehmen, denn damit wird die Liebe berechenbar und ist unter Kontrolle. Für jemanden, bei dem die Gehirnwäsche erfolgreich ist, erscheint Liebe dann wie ein Handy-Vertrag. Man sucht nach dem günstigsten Tarif und nach einer gewissen Zeit der Benutzung kommt das neuere Modell ins Haus.

Wer sich mit diesem Bild im Kopf auf Freiersfüße macht, glaubt dann, selbst auch nur nach diesen Kriterien liebenswert zu sein. So jemandem kann man eigentlich nur wünschen, dass er oder sie sich kopflos verliebt und dann erlebt, dass Gefühle nicht lenkbar sind.

Für jeden definiert sich der Begriff Liebe anders.

Für mich ist sie das leidenschaftliche Interesse für das Wohlergehen des anderen Menschen, die von Herzen kommende Bereitschaft, auf angebotene Wärme und offensichtliche Bedürftigkeit einzugehen; wechselseitige Fürsorglichkeit und beidseitige Selbstverleugnung, begründet auf dauerhafte Verlässlichkeit, gewärmt durch Nähe, Begehren und Erotik und am Leben gehalten durch die Fähigkeit, Konflikte auszutragen und sich Lebensbereiche zu erhalten, die nicht geteilt werden.

Ein hoher Anspruch, aber ich arbeite dran.

Und dennoch ist die Liebe nicht planbar.

Eifersucht

Eine leichte Form von Eifersucht wird wohl jeder einmal erleben, aber sie kann auch ein quälendes und überwältigendes Gefühl sein. Dann ist sie die übermäßige Angst vor dem Verlust der Liebe und eine zwanghafte Besessenheit. Heftige Eifersucht ist eine so starke Gefühlsregung, dass man meinen könnte, sie sei angeboren und nicht zu überwinden. Aber im Grunde ist sie eine Reaktion auf andere Gefühle, die man quasi gelernt hat und die man deshalb auch wieder verlernen kann.

Hinter der Eifersucht verbergen sich Minderwertigkeitsgefühle, Selbstzweifel und Besitzdenken. In machen Fällen ist sie auch der Deckmantel für Neid auf die Selbstsicherheit anderer. Der eifersüchtige Mensch hat Angst, seinem Partner nicht zu genügen und nicht genug zu bekommen. Seine misstrauischen Unterstellungen sind für ihn immer begründet, auch wenn sie eigentlich nur Vermutungen sind. Insofern ist Eifersucht eigentlich ein selbst gemachtes Problem und führt oft dazu, dass eine Beziehung vergiftet wird. Man hält den Partner für ein Stück Eigentum und will über diesen Besitz bestimmen, schnüffelt in den Sachen des anderen herum und stellt immer wieder bohrende Fragen. Bespitzelungen und Vorwürfe zermürben jede Zweisamkeit. Irrwitzigerweise ist das Gefühl der Eifersucht manchmal schon Beweis genug, dass man betrogen und hintergangen wird. Der Partner hat kaum eine Chance, seine Unschuld zu beweisen. Aber selbst wenn Eifersucht die Reaktion auf einen tatsächlichen Seitensprung ist, führt sie nicht zur Versöhnung. Liebe kann man nicht einklagen und man muss sich nach einem Betrug entscheiden, wieder Vertrauen aufzubauen oder den anderen ziehen zu lassen.

Die Gründe für extreme Eifersucht liegen meist in der Kindheit. Wer nicht gelernt hat, sich auf die Liebe der Eltern verlassen zu können, wird daran zweifeln, liebenswert zu sein. Wer früh gedemütigt worden ist, wird immer wieder Bestätigungen durch den Partner einfordern. Aber man kann Selbstvertrauen entwickeln. Wer sich sagt, dass der andere sich schließlich aus Zuneigung für diese Beziehung entschieden hat, braucht eigentlich keine Angst zu haben. Wenn eine Liebe aus sich heraus nicht stabil ist und zerbricht, gibt es sowieso kein Mittel, sie wieder herzustellen. Dem anderen die Freiheit zu lassen, unabhängige Interessen zu pflegen, Freundschaften zu haben und sogar zu flirten, schenkt einem selbst Freiheit.

Liebeskummer

Fast alle Menschen erleben einmal oder öfter in ihrem Leben Liebeskummer. Nüchtern und von außen betrachtet ist Liebeskummer der Schmerz über den Verlust eines Menschen nach einer Trennung oder die Sehnsucht nach jemandem, der nicht erreichbar ist. Auch Kinder können Liebeskummer haben, wenn die Eltern ein Geschwisterteil scheinbar bevorzugen.

Von innen gesehen ist Liebeskummer einfach grauenhaft, eine der schlimmsten Erfahrungen, die wir machen können. Vom Hochgefühl der Verliebtheit oder der Liebe in den Abgrund der Nicht-Liebe zu fallen, tut so weh, dass mancher nicht weiß, wohin mit dem Schmerz.

Die Reaktion auf den Verlust einer Liebe oder auf eine von vornherein unerfüllbare Sehnsucht kann allerdings ganz verschieden ausfallen. Einer zuckt vielleicht nur mit den Schultern und wendet sich bald nach dem Gefühl der Kränkung einem anderen Menschen zu. Andere sind so verzweifelt, dass sie eine lange Zeit, manchmal Monate, brauchen, um wieder ausgeglichen zu sein und bereit für eine neue Liebe. Darüber sollte niemand von außen urteilen; jeder benötigt seine eigene Zeit, um darüber hinwegzukommen. Manche Menschen können durch Liebeskummer sogar krank werden und brauchen dann therapeutische Hilfe. Das ist sinnvoll, wenn man etwa Selbstmordgedanken hat oder meint, dem Alltag nicht mehr standhalten zu können. Auch wer sich mit Alkohol oder anderen Mitteln betäubt, sollte sich nicht einigeln, sondern über seine Traurigkeit sprechen.

Zum Liebeskummer gehört, dass man darüber sprechen möchte. Viele Gedanken werden immer wieder gedacht und von allen Seiten beleuchtet und man führt einen inneren Dialog mit dem Menschen, durch den man verletzt wurde. Liebesgefühle und Hassgedanken wechseln sich ab. Beides gehört zusammen, denn Gleichgültigkeit ist das Gegenteil von Liebe und Hass.

Man mag es nicht hören, aber es ist glücklicherweise wahr: Die Zeit, die vergeht, heilt tatsächlich den Liebeskummer. Irgendwann merkt man, dass von einer schmerzenden Wunde nur noch eine Narbe übrig ist, die hin und wieder juckt. Rückblickend sieht man dann vielleicht die Phasen, durch die man gegangen ist. Zuerst die vergebliche Auflehnung gegen eine Trennung, ein Betteln darum, dass alles so bleiben möge, wie es war. Danach der Zorn, gefolgt von der Trauer, und am Ende dann ein Loslassen und die Akzeptanz, dass es so ist, wie es ist.

Zu tun nach Trennung ...

Es gibt ein paar Rezepte, die man nach einer Trennung befolgen kann, auch wenn es schwerfällt. Manchmal wird geraten, alles wegzuschmeißen oder zu verbrennen, was an den/die Ex erinnert. Ich finde es besser, alle Erinnerungsstücke wie Fotos, Briefe oder Geschenke in einen Karton zu packen und für eine Weile aus dem Sichtfeld zu verbannen. (Am besten packt man die verletzten Gefühle noch dazu.) Wegschmeißen kann man immer noch. Wenn der Liebeskummer vorbei ist, freut man sich möglicherweise an den Erinnerungen, die mit diesen Dingen verbunden sind.

So groß die Versuchung auch ist: Nach einer definitiven Trennung sollte man auf keinen Fall die verlorene Liebe anrufen oder treffen, nicht einmal scheinbar zufällig. Wer geht, leidet vielleicht auch, aber auf eine andere Weise als derjenige, der verlassen wurde, und möchte nicht den Schmerz des Verlassenen sehen. Nur ganz wenigen Leuten gelingt es, eine verlorene Liebe wieder zu beleben und einen neuen Anfang zu finden.

Hin und wieder bekommt man den Rat, eine Liste mit den schlechten Eigenschaften des Expartners aufzuschreiben. Ich halte es für heilsamer, sich an das Gute und das weniger Schöne gleichgewichtig zu erinnern, auch wenn es vielleicht mehr schmerzt. Sich mit Schuldgefühlen herumzuschlagen oder den ehemaligen Partner bei Freunden schlechtzumachen, mag vielleicht Erleichterung bringen, aber damit macht man sich auch selber runter. Manche führen ein Tagebuch und erschrecken dann später, was sie für Hassgefühle notiert haben.

Männer scheinen im Geheimen stärker als Frauen unter Liebeskummer zu leiden. Gerade weil sie weniger gewohnt sind, über ihre Gefühle zu sprechen und sich nicht gern als Verlierer sehen, tun manche so, als ob nichts wäre und verdrängen so ihren Schmerz. Sich nicht ständig mit dem Verlust zu beschäftigen, hat zwar heilsame Seiten, aber sich dem Kummer zu stellen sorgt dafür, dass er eher vergeht.

Liebeskummer kann viel in Gang setzen. In dieser Zeit sollte man nicht gegen sich selbst wüten, sondern sich verwöhnen. Man erlebt tiefe Gefühle und lernt etwas über sich selbst. Man kann neue Interessen entwickeln, die in der Partnerschaft vielleicht nicht ausgelebt wurden. Und man wird letzten Endes ein Stück erwachsener und kann erkennen, dass das Leben ohne feste Beziehung auch Schönheiten haben kann.

Bis zum nächsten Mal …

Einsamkeit

Einsamkeit kann Angst machen und tief beunruhigen, kann aber auch bewusst gewollt und stärkend sein. Immer wieder im Leben gibt es Zeiten, in denen wir allein sind. Manchmal ist es nur ein Gefühl, und hin und wieder gibt es wirklich niemanden, mit dem wir uns verbunden fühlen.

Wahrscheinlich trifft jeden Menschen irgendwann die Erkenntnis einer grundsätzlichen Einsamkeit. Wir kommen allein auf die Welt und sterben allein, denn kein anderer Mensch kann jemals ganz und gar in uns hineinsehen. Die Menge aller persönlichen Erfahrungen, Gedanken und Gefühle kann man nicht vermitteln und mit niemandem teilen. Tröstend ist dann vielleicht, dass das Gefühl der Einsamkeit auch ein Anstoß sein kann, sich neuen Erfahrungen gegenüber zu öffnen, und damit die Einsamkeit zu überwinden.

Eine andere Art der Einsamkeit ist die Verlorenheit nach dem Tode eines geliebten Menschen. Jeder Lebende, auch wenn wir von ihm verlassen worden sind, ist irgendwie noch da und vielleicht erreichbar, auch wenn wir nie wieder Kontakt aufnehmen. Die Endgültigkeit des Todes müssen wir akzeptieren. Daran aber kann man reifen und die Begrenztheit der eigenen Lebensspanne als Chance sehen, des Lebens ganze Fülle auszukosten.

Manche Menschen ziehen sich bewusst für eine Weile zurück, überdenken, was wirklich zählt und wichtig ist, und ordnen so ihr Dasein neu. Dann kann Einsamkeit heilsam sein und viel bewirken.

Daneben gibt es eine Form von Einsamkeit, die wir ändern können. Meistens erkennt man es nicht, aber es gibt ein selbstgemachtes Alleinsein, das eigentlich einfach zu durchbrechen ist. Dafür muss man aktiv werden, selbst erste Schritte hin auf andere zu machen und hochgestochene Erwartungen möglicherweise herunterschrauben. Wer meint, dass die anderen sowieso nur oberflächlich und seicht seien und deshalb nicht gut genug für einen, muss sich mal an die eigene Nase fassen. Offen zu sein für Begegnungen mit Menschen aus anderen Zusammenhängen, aus anderen Kulturen oder Altersgruppen erweitert den eigenen Horizont und verhindert Alleinsein. Sich auf Gruppen einzulassen, sei es beim Gemeinschaftssport oder anderen Freizeitaktivitäten, führt dazu, dass man in soziale Netze eingespannt wird und hilft gegen Einsamkeit.

Formen von Sexualität

Heterosexualiät

Der Begriff stammt aus dem Griechischen: heteros = der andere. Das bedeutet, dass man sich für das jeweils andere Geschlecht interessiert. Die überwiegende Mehrzahl der Menschen ist heterosexuell. In Büchern, Filmen, Fernsehserien auf der Theaterbühne oder in der Oper und in Musicals gibt es unzählige Variationen des Themas zwischen Jungen und Mädchen (zum Beispiel ganz berühmt *Romeo und Julia*) und Männern und Frauen.

Homosexualität

Das Wort kommt auch aus dem Griechischen: homoios = das Gleiche. Als Homosexualität wird die gefühlsmäßige und sexuelle Orientierung zu einem Partner des gleichen Geschlechts bezeichnet. 5 bis 10 Prozent aller Menschen fühlen sich vom eigenen Geschlecht angezogen. Die Ursache für die gleichgeschlechtliche Liebe ist bis heute noch nicht eindeutig geklärt. Es werden genetische Faktoren, eine von der Norm abweichende Hormonausschüttung während der Schwangerschaft und die Sozialisation des Kindes als Gründe für Homosexualität vermutet. Letzten Endes sind die Gründe aber auch egal. Es ist natürlich, seinem Begehren zu folgen, denn nur die Unterdrückung von Gefühlen läuft wider die Natur. Weil um die 90 Prozent der Menschen sich nach gegengeschlechtlichen Partnern sehnen, wird die Heterosexualität als »normal« angesehen. Deshalb verursacht die Hinwendung zu einem gleichgeschlechtlichen Partner in vielen Menschen Unbehagen. So erwarten auch die meisten Eltern, dass sich ihre Tochter für Jungen und ihr Sohn sich für Mädchen interessiert. Wenn sich herausstellt, dass das eigene Kind schwul oder lesbisch ist, können selbst aufgeklärte und liberale Eltern damit schwer umgehen. Zu groß sind die Vorurteile vergangener Jahrhunderte.

Ein bisschen Geschichte der Homosexualität

Auch wenn es im antiken Griechenland und im alten Rom gang und gäbe war, dass sich Männer mit Jünglingen vergnügten, galten schwule Männer eigentlich zu allen Zeiten als abartig und pervers. Sie wurden geächtet und ihre Neigung bis in die Neuzeit mit Strafe bedroht. Lesbische Liebe dagegen stand nie unter Strafandrohung, wahrscheinlich weil Frauen und ihre Sexualität bis vor Kurzem eh nicht für voll genommen wurden.

Christopher Street Day

Heute gehören die sommerlichen Veranstaltungen zum CSD (= Christopher Street Day) in den Großstädten zum Alltag und viele jüngere Schwule und Lesben wissen gar nicht, dass es einen politischen Grund für diese Feiern gibt. Ein mangelndes Geschichtsbewusstsein ist einerseits bedauerlich, andererseits ist es natürlich toll, dass die Jüngeren kaum Verfolgung und Unterdrückung kennen. Der CSD bleibt eine politische Veranstaltung, solange die absolute Gleichstellung von heterosexuellen, homosexuellen und transidentischen Menschen noch nicht durchgesetzt ist.

Denn immer noch existieren innerhalb der Gesellschaft und der Kirche viele Vorurteile gegenüber der gleichgeschlechtlichen Liebe bis hin zu der Einstellung, es handele sich um eine behandlungsbedürftige Erkrankung.

Lange Zeit wurde Homosexualität auch noch in der Neuzeit verteufelt und verfolgt. In Deutschland stellte der Nazi-Paragraf 175 jede sexuelle Betätigung zwischen Männern unter Strafe. 140 000 von ihnen wurden während der zwölf Jahre im Dritten Reich verurteilt, in Konzentrationslager und Gefängnisse gesteckt oder ermordet. Beschämenderweise bestand dieser Paragraf in der Bundesrepublik noch bis 1969 und die Verurteilten der Nazizeit erhielten keine Anerkennung oder Wiedergutmachung (die DDR veränderte die Bestimmungen schon früher). Inzwischen gibt es in der deutschen Hauptstadt ein Mahnmal, das an die schwulen Opfer erinnert.

Das alles ist längst noch nicht selbstverständlich bei uns in Europa. In Polen zum Beispiel und Russland ist Homosexualität verpönt, auch wenn sie zwischen Erwachsenen erlaubt ist. Und in Rumänien müssen eigentlich alle Schwulen immer noch um ihr Leben fürchten. Andere Länder dagegen sind viel weiter: Ausgerechnet das katholische Spanien hat die absolute Gleichberechtigung eingeführt, und auch Kanada ist ein Eldorado für Homosexuelle.

Zum Glück sind Schwule und Lesben hierzulande fast gleichgestellt. In Deutschland haben homosexuelle Paare seit dem 1. August 2001 die Möglichkeit, eine eingetragene Lebenspartnerschaft einzugehen, die stark an die Ehe angelehnt ist. Allerdings genießen sie keine steuerlichen Vorteile und dürfen keine Kinder adoptieren, werden andererseits aber beispielsweise beim Bezug von Arbeitslosengeld als Paar eingestuft.

Schwule und Lesben werden also nicht immer mehr, wie manche sagen, sondern – durch diese Entwicklung – immer sichtbarer.

Solange schwul oder lesbisch zu sein verpönt war, schuf man sich eine eigene Welt, mit eigenen Lokalen, Buchläden, Versicherungsmaklern, Friseuren und Reisebüros. Weil man sich von der Mehrheit diskriminiert fühlte, blieb man im eigenen schwulen oder lesbischen Umfeld. Mit steigender Akzeptanz wird vieles davon überflüssig. Was bleibt von der Homosexualität übrig, wenn alle Anfeindungen überwunden sind? Dann verschwinden auch die Vorurteile: Nein, schwule Männer sind nicht immer schöner als Heteros, und sie haben auch nicht das Vorrecht des besseren Geschmacks gepachtet, und tuntig sind die wenigsten. Lesbische Frauen mit hochgekrempelten Ärmeln in karierten Holzfällerhemden und mit kahlrasierten Schädeln sind ebenfalls ein Klischee. Viele der Mädels wissen die Vorzüge guter Lippenstifte durchaus zu schätzen und arbeiten nicht als Klempnerinnen. Also alle ganz normale Menschen, und das ist gut so.

»Es ist eine Liebe wie andere auch, nicht besser, nicht schlechter; mit ebenso viel Möglichkeiten zum Großartigen, Rührenden, Melancholischen, Grotesken, Schönen oder Trivialen wie die Liebe zwischen Mann und Frau.« Klaus Mann

Bisexualität

Bisexuellen Menschen ist es ganz gleich, ob sie einen Mann oder eine Frau lieben (lateinisch »bi« für zwei). Sie haben erotische Gefühle für beide Geschlechter und leben das auch aus. Man könnte den Eindruck haben, dass es immer mehr werden, aber das stimmt nicht. Die Menschen gehen heute nur sich selbst und anderen gegenüber offener und ehrlicher mit Sexualität um. Wie viele Menschen gleichermaßen mit demselben wie dem anderen

Geschlecht sexuelle Kontakte pflegen, ist nur schwer einschätzbar – verlässliche Zahlen gibt es kaum.

Ebenso wie bei der Homosexualität sind die Ursachen der Bisexualität nicht geklärt. Man weiß nicht, ob biologische und/oder psychologische Gründe verantwortlich sind. Manche Forscher glauben, dass jeder Mensch mehr oder weniger bisexuell ist und die gesellschaftlichen Tabus zu einer Verdrängung der homosexuellen Seite führten. Tatsächlich haben viele Menschen bisexuelle Fantasien, ohne diese auszuleben. Zwischen den Vorstellungen und Neigungen einer Person und dem Ausleben der Wünsche klaffen oft Welten.

Ich selbst habe lange Zeit geglaubt, dass es nur die zwei Varianten in der menschlichen Sexualität gibt: Hetero- und Homosexualität. An Bisexualität habe ich nie geglaubt, das habe ich immer für eine Ausrede gehalten von Leuten, die in Wirklichkeit schwul oder lesbisch sind, sich das aber nicht eingestehen können. Aber ich habe meine Meinung geändert. Inzwischen habe ich oft erlebt, dass Menschen, Männer wie Frauen, die Seiten gewechselt haben.

Die Liebe macht vieles möglich. Auch jemand, der nie daran gedacht hat, kann eine große seelische und körperliche Liebe mit einem Menschen des gleichen Geschlechts erleben und trotzdem weiterhin vom anderen Geschlecht angezogen sein.

Weiblich und männlich –
so einfach ist das nicht

XX und XY

Chromosomen sind Erbinformationen unseres Körpers. Während bei manchen Tierarten, wie beispielsweise Krokodilen, das Geschlecht durch Umweltbedingungen wie Temperatur während der Embryonalentwicklung bestimmt wird, entscheidet bei anderen Lebewesen, auch bei den Menschen, ein vererbtes Chromosom über das Geschlecht.

Menschen haben 46 Chromosomen. Bei Frauen sind zwei davon X-Chromosomen, Männer haben an dieser Stelle auf ihrem Chromosomenstrang dagegen ein X- und ein Y-Chromosom.

Die Eizellen einer Frau haben 23 Chromosomen, darunter eben ein X-Chromosom. Spermienzellen eines Mannes haben auch 23 Chromosomen, davon eines entweder ein X- oder ein Y-Chromosom. Bei der Befruchtung des Eis fügen sich je 23 Chromosomen der Elternteile wie ein Reißverschluss zusammen. Von der Mutter wird also immer ein X-Chromosom weitergegeben, vom Vater entweder ein X- oder ein Y-Chromosom. Das Geschlecht des Kindes wird bestimmt durch das Geschlechtschromosom, das die eindringende Spermienzelle des Vaters mitbringt.

Gene, die zwar auf dem XY-Chromosom vorkommen, jedoch nicht auf dem XX-Chromosom, führen dann zu typisch männlichen Eigenschaften. Entsprechendes gilt für die Frau und ihre typisch weiblichen Ausprägungen.

Dies führt dazu, dass bei einem Gendefekt auf dem einzigen vorhandenen X-Chromosom dieses nicht wie bei der Zeugung eines Mädchens durch eine funktionierende Kopie auf dem anderen Chromosom aufgefangen werden kann. Daher gibt es beim Menschen eine Reihe von Erbkrankheiten, die nur bei Männern auftreten wie die Bluterkrankheit und die Rot-Grün-Blindheit.

Transgender/Transsexualität

Menschen, die das Gefühl haben, in einem Körper mit dem falschen Geschlecht geboren zu sein, nennt man Transsexuelle. Heute setzt sich aber immer mehr die Bezeichnung Transgender durch, weil diese Menschen sich nicht auf ihre Sexualität reduzieren lassen wollen. Die wenigsten von ihnen sind intersexuell; das heißt es lässt sich bei ihnen nicht nachweisen, dass eine falsche Geschlechtsbestimmung vorgenommen wurde.

Transgender-Menschen haben das tiefe Gefühl der Zugehörigkeit zum anderen Geschlecht. Die innere Gewissheit, dem anderen als dem Geburtsgeschlecht anzugehören, ist verbunden mit dem Bestreben, die dazugehörige soziale Rolle möglichst vollkommen zu leben. Eine solche Gewissheit besteht oft schon seit frühester Kindheit.

Es ist so gut wie unmöglich, das transsexuelle Empfinden therapeutisch oder durch andere Maßnahmen zu verändern. Man kann den Betroffenen jedoch helfen, indem man ihnen das Leben in der angestrebten Geschlechterrolle ermöglicht und erleichtert. Fast alle Spezialisten auf diesem Gebiet sehen den Geschlechtswechsel mit geschlechtsangleichender Operation als einzigen Ausweg aus dem Dilemma.

Eine Geschlechtsumwandlung im Sinne des Wortes ist allerdings nicht möglich, aber man kann den Körper durch hormonelle und medizinische Maßnahmen dem Wunschgeschlecht so weit wie möglich anpassen. Für die meisten Transsexuellen stellen ihre Geschlechtsorgane ein großes Problem dar, das sich nur durch eine geschlechtsangleichende Operation lösen lässt. Allerdings gehen nicht alle Transsexuellen den Weg zum Chirurgen; manche leben ihr Leben als Besonderheit zwischen den Geschlechtern. Ich habe einmal mit einem bärtigen Klempner in Berlin gesprochen, der sich als Frau fühlte, es aber für sich nicht nötig fand, dem Bild einer Frau zu entsprechen.

Über die Entstehung von Transsexualität gibt es bis heute nur unbewiesene Theorien. Die Erklärungen reichen dabei von hormonellen oder genetischen Störungen während der Schwangerschaft bis hin zu frühkindlichen Einflüssen. Echte Transsexualität ist in den Augen fortschrittlicher Wissenschaftler eine Geschlechtskörperstörung, eine Abweichung des Geschlechtskörpers vom angeborenen Geschlecht, und wird als behandelbare Krankheit verstanden.

Deshalb ist Transsexualität international und auch in Deutschland als Krankheit anerkannt. Insofern müssen die Kassen für alle medizinischen Kosten einer geschlechtsanpassenden Operation aufkommen. Oft kostet es viel Kraft und Mühe, die Kasse von der Diagnose zu überzeugen. Außerdem kommt es öfter vor, dass eben doch nicht alle Kosten übernommen werden. Die Betroffenen lehnen es ab, als krank angesehen zu werden, müssen sich aber der Gesetzeslage beugen, um überhaupt voranzukommen.

Seit 1980 gibt es in Deutschland ein Transsexuellengesetz. Darin ist geregelt, welche Bedingungen vom Gesetzgeber aus für den Geschlechtswechsel erfüllt sein müssen.

Transvestitismus/Travestie

Der Begriff Transvestitismus stammt aus dem Lateinischen und bedeutet ursprünglich jede Art von Verkleidung. Heute beschreibt man mit diesem Wort eine sexuell motivierte Neigung, die Kleidung des anderen Geschlechts zu tragen. Eine andere Bezeichnung ist das englische Crossdresser. Weibliche Transvestiten sind selten. Meistens handelt es sich um heterosexuelle Männer, die sich auch als Männer fühlen und Frauen begehren. Viele sind verheiratet, schämen sich aber für ihre Neigungen und verstecken sie. Der Drang, weibliche Kleidungsstücke zu tragen, ist aber so stark, dass man unter manchem Anzug Strapse oder Strumpfhosen vermuten darf und manche Männer sich die Fußnägel lackieren. Wenn die Partnerin eines Transvestiten eingeweiht ist und den Fetisch ihres Mannes toleriert, kann das lustvolle Ausleben seiner Neigung die Beziehung stärken. (Man bezeichnet etwas als sexuellen Fetischismus, wenn ein Gegenstand, ein bestimmtes Körperteil oder ein ganz bestimmtes Verhalten, die sexuelle Erregung stimuliert und der Befriedigung dient.) Das Hauptproblem ist die gesellschaftliche Toleranz. Wenn das innere soziale Umfeld einen Transvestiten akzeptiert, ist seine Obsession ein Teil der Lebensgestaltung und verliert viel von ihrer Problematik.

Ich bin einmal auf dem Jahrestreffen von Transvestiten und ihren Ehefrauen in einer deutschen Großstadt aufgetreten und es war ein sehr lustiger und harmonischer Abend.

Die Ursachen für fetischistischen Transvestismus sind nicht klar. Es werden verschiedene Einflüsse vermutet, biologische Faktoren oder Erlebnisse während der Kindheit können wie bei anderen Fetischen eine Rolle spielen.

Männliche Unterhaltungskünstler, die als Damenimitatoren auftreten, sind oft weder Transvestiten noch homosexuell.

Kann, muss aber nicht sein. Sie machen Travestie und stellen mehr oder weniger ernsthaft Frauen dar oder parodieren prominente Damen. Die Travestie hat eine lange Tradition. Früher durften beispielsweise in England Frauen nicht auf der Bühne auftreten. Also wurden die Frauenrollen von weiblich anmutenden Männern gespielt.

Der eher abfällig gemeinte Ausdruck »Tunte« trifft selten zu, denn damit ist meistens ein Mann gemeint, der sich übertrieben weibisch und affektiert verhält. Manchmal verhalten sich auch alte Damen tuntig, ohne es zu merken. In der Travestie gibt es aber neben oft obszönen Auftritten auch Frauendarstellungen, die fein und tiefsinnig sein können.

Man benutzt für Männer, die Frauen übertrieben verkörpern und eindeutig als Männer zu erkennen sind, auch das Wort Drag Queen; Frauen, die als Männer auftreten, werden Drag Kings genannt. Im Englischen bedeutet »to drag« so viel wie »ziehen, zerren, nachschleppen« – vielleicht bezieht sich also der Begriff auf das Nachschleppen eines langen Kleides. Eine andere Erklärung wäre, dass Drag die Abkürzung von »dressed like a girl« ist. (Bei Drag Kings »dressed like a guy«). Drags und Travestiedarsteller stellen in der Öffentlichkeit unser Bild von männlich/weiblich und die Kleiderordnung infrage und können deshalb im weitesten Sinne auch als gesellschaftspolitisch wichtige Personen angesehen werden.

Pseudohermaphroditen oder Intersexuelle

Die menschliche Sexualität definiert sich nicht allein durch die äußerlich sichtbaren Geschlechtsmerkmale, die jemanden als Frau oder Mann erscheinen lassen. Neben dem genetischen Erbe und der embryonalen Entwicklung im Mutterleib wird Sexualität auch durch Erziehung, Traditionen, Religion und anderes bestimmt. So kommt es, dass die gefühlte Geschlechtsidentität und die biologisch sichtbaren Geschlechtsmerkmale nicht immer zusammenpassen. Unter 40 000 Menschen befinden sich etwa 20 mit einer Genstörung, die Auswirkungen auf ihr geschlechtliches Erscheinungsbild hat –, aber nur ein Mensch, der als intersexuell bezeichnet wird.

Bei der Reifung des Kindes im Mutterleib geht die Natur auf dem Weg zu Mann oder Frau manchmal auf Irrwege. Hermaphroditen oder Zwitter nennt man Wesen mit gleichzeitiger vollständig männlicher und weiblicher Geschlechtsausprägung. Solche hermaphroditische Menschen, die sowohl Hoden als auch Eierstöcke haben, sind allerdings sehr selten. In den meisten Fällen ist das Pendel eher in die eine oder die andere Richtung ausgeschlagen, deshalb spricht man von Pseudohermaphroditen oder Intersexuellen (= zwischen den Geschlechtern).

Obwohl es zu allen Zeiten Unklarheiten in der eindeutigen Geschlechterzuweisung gab, haben erst moderne Techniken den medizinischen Nachweis gebracht, dass es viele Zwischenstufen geben kann. Auf 80 000 bis 100 000 wird die Zahl der in Deutschland lebenden Intersexuellen geschätzt. Die so geborenen Menschen stellen mit ihrem Körper und ihrem Leben die alte Ordnung in den westlichen Kulturen, was ein Junge, was ein Mädchen ist, auf den Kopf.

Anderswo auf der Welt, in einigen Kulturen und Religionen der nordamerikanischen Ureinwohner, am Polarkreis, in Papua-Neuguinea, in der Dominikanischen Republik, in Indien oder Thailand werden Intersexuelle oft zusammen mit transsexuellen Personen als Angehörige eines dritten Geschlechts betrachtet. Sie nehmen die Position von Schamanen ein oder leben von der Prostitution. Weil sie beide Geschlechter in sich vereinigen, wird ihnen eine direktere Verbindung zum geschlechtslosen

Göttlichen zugesprochen. Intersexuellen wird nachgesagt, dass sie übernatürliche Wahrnehmungen haben und heilen können. Andererseits bedeutet ihr Anderssein eine Ausgrenzung aus der »Normal«-Gesellschaft.

In der westlichen Geschichte reichte der Umgang mit intersexuellen Menschen von Verehrung bis zur Ermordung. In christlich-patriarchalisch geprägten Gesellschaften wird häufig auf die Bibel verwiesen. Gott habe laut Schöpfungsgeschichte die Menschen ausschließlich als Mann und Frau geschaffen. Daher wurden Intersexuelle gerade in diesen Kulturen immer wieder gezwungen, sich einem der beiden Geschlechter anzupassen.

Erstaunlicherweise stellte in Preußen das Allgemeine Landrecht von 1794 Hermaphroditen frei, sich bis zu ihrer Volljährigkeit entweder für das männliche oder für das weibliche Geschlecht zu entscheiden.

Aber ab der zweiten Hälfte des 19. Jahrhunderts nahmen Mediziner für sich in Anspruch, anhand willkürlicher und sich über die Zeit hinweg verändernder Kriterien das »wahre« Geschlecht von Pseudohermaphroditen unabhängig von deren Willen zu bestimmen. Dies führte oft zu traumatischen Folgen für diejenigen, die plötzlich aus ihrem angestammten Leben gerissen und einem ihnen fremden Geschlecht zugewiesen wurden.

Ab Anfang des 20. Jahrhunderts wurden Pseudohermaphroditen darüber hinaus als missgebildet und krank klassifiziert. Ihre Genitalien wurden nicht selten von Ärzten abfotografiert und öffentlich zur Schau gestellt.

In den Fünfzigerjahren des 20. Jahrhunderts war die Medizin so weit, chirurgisch tätig zu werden. Das Ziel war es, die fehlende Geschlechtseindeutigkeit spätestens bis zum zweiten Lebensjahr durch massive chirurgische und hormonelle Eingriffe zu beheben. Die Empfehlung, das künftige Geschlecht des Kindes einfach nach Machbarkeit auszuwählen, setzte sich schließlich 40 Jahre lang als internationaler Standard durch. Man war der Meinung, mit der richtigen Erziehung könne ein Kind in jeder Geschlechterrolle glücklich werden. Voraussetzung war allerdings, dass dem Kind seine eigentliche Bestimmung verschwiegen wurde. Das führte zu Tragödien und Selbstmorden. Auch deshalb ist die These, dass man das Geschlecht anerziehen kann, inzwischen von der neueren Forschung überholt.

Wissenschaftler akzeptieren heute, dass die Vorstellung von zwei genau sauber unterscheidbaren Geschlechtern tatsächlich falsch ist. Die Festlegung auf eines der beiden Geschlechter ist in Zweifelsfällen schwierig und kann zu schwerwiegenden physischen und psychischen Belastungen führen. Die Bedürfnisse der Betroffenen werden dabei kaum berücksichtigt, weil eine solche Zuordnung oft schon in der frühen Kindheit festgelegt wird.

Aber wie soll die Geschlechtszugehörigkeit definiert werden? Kann ein Kind in jeder Geschlechterrolle glücklich werden oder darf die Umwelt entscheiden, wie ein Mensch einzuordnen ist? Noch schwieriger ist es, nichts festzulegen. Dann wächst das Kind auf, ohne dass es eindeutig Junge oder Mädchen ist.

Im frühen Embryonalstadium sind alle Menschen zunächst weiblich ausgerichtet. Erst zu einem bestimmten Zeitpunkt bewirkt das vom männlichen Embryo gebildete Hormon Testosteron, dass sich Penis und Hoden ausbilden. In seltenen Fällen erreicht dieses Signal aber den Zellkern nicht und bei der Geburt fragt dann die Hebamme: »Was meinen Sie, Herr Doktor?«

Meistens werden diese Kinder als Mädchen betrachtet, obwohl sie auch das männliche Y-Chromosom besitzen. Im Inneren finden sich dann keine Eierstöcke und kein Uterus, aber verkümmerte Hoden. Das Testosteron, das diese produzieren, wird vom Körper zum weiblichen Sexualhormon Östrogen umgewandelt. Solchen Mädchen wachsen in der Pubertät zwar Brüste, aber ihre Periode bleibt aus. Außerdem entwickeln sie keine

Geschlechtsbehaarung. Diese genetische Abweichung wird meist erst entdeckt, wenn die Pubertät einsetzt. Das Syndrom tritt bei einem von 20 000 Kindern auf; in Deutschland wird angenommen, dass ungefähr 4000 Menschen betroffen sind.

Es gibt eine Vielzahl von Varianten, darunter auch eine Gruppe, die bis zum Alter von 11, 12 Jahren Mädchen sind und dann zu Männern werden. Es ist nicht ungewöhnlich, dass diese Besonderheit erst spät entdeckt wird.

Außerdem gibt es Menschen, die mit einem weiblichen XX-Chromosomensatz, also mit Uterus und Eierstöcken geboren werden – aber männliche Hormone bewirken eine Vermännlichung des Genitals. Dies führt bei weiblichen Embryonen manchmal zu einer sehr großen, penisähnlichen Klitoris, und das Neugeborene wird als Junge betrachtet. Man spricht dann von weiblichen Pseudohermaphroditen.

Ein bis zwei dieser intersexuellen Kinder werden jeden Tag in Deutschland geboren. Medizinische Geschlechtsfestlegungen umfassen vor allem geschlechtsangleichende Operationen und chirurgische Anpassungen. Die Entscheidung für das Geschlecht ist oft von der subjektiven Meinung der Eltern und Ärzte abhängig.

Eine männliche Zuweisung bei einem uneindeutigen Genital wird gern vom ärztlichen Ehrgeiz bestimmt (»Urologen basteln gerne Jungen«), aber wegen der medizinischen Machbarkeit (»Es ist einfacher, ein Loch zu machen, als einen Pfahl zu bauen«) wurde auch das weibliche Geschlecht zugewiesen; wie auch bei Jungen, deren Penis durch Unfälle verstümmelt wurde.

Dazu gehört die chirurgische Herstellung einer sogenannten Neovagina, die bis zum Abschluss des körperlichen Wachstums und darüber hinaus gedehnt werden muss. Das Genital wird auf eine eindeutige weibliche Klitorisgröße verkleinert und die Hoden werden entfernt mit anschließender Hormonersatztherapie. Diese Eingriffe erfordern zum Teil langfristige Nachbehandlungen und setzten die Betroffenen unter großen physischen und psychischen Druck.

Viele intersexuelle Menschen haben aufgrund der schmerzhaften Eingriffe körperliche Schäden davongetragen. Zu den physischen Schäden kommen die Reaktionen des sozialen Umfeldes und die Tabuisierung des Themas.

Intersexuelle Aktivisten kritisieren aus diesen Gründen die Zwangsfestlegung im Kindesalter und fordern, die Genitaloperationen erst dann durchzuführen, wenn der intersexuelle Mensch die Operation aus eigenem Willen möchte und ihr zustimmen kann. Einige Aktivisten setzen chirurgische Anpassungen im Kindesalter mit der Verstümmelung weiblicher Genitalien gleich, wie es in manchen Ländern Afrikas gemacht wird.

Aufgrund von Protesten haben sich erste Anzeichen gezeigt, dass die Praxis der Geschlechtsfestlegungen sich ändert. Bei manchen Erscheinungsformen erlebt man eine Abkehr von der Zwangszuweisung und den damit verbundenen medizinischen Eingriffen.

Die schwierige Beziehung zwischen Frauen und Männern

Die Vorstellung davon, zu welcher Liebe wir fähig wären, ist oft nur eine schöne Fantasie, die in der Wirklichkeit wie ein Soufflé zusammenfällt. Es gibt Leute, die glauben wirklich, ohne das geliebte und begehrte Wesen sei das Leben absolut nichts wert. Jedenfalls eine bestimmte Zeit lang. Und dann wendet sich das Blatt:

An alter Beziehung festhalten/Ehe

Man weiß manchmal, dass eine Beziehung am Ende ist, und trennt sich trotzdem nicht. Und es gibt Leute, die heiraten, um dann festzustellen, dass sie sich gar nicht leiden können.

Ich glaube, alle Menschen haben von sich die Vorstellung, dass sie zu großer Liebe fähig sind. Der Mensch, mit dem man dann zusammenlebt, soll auch derjenige sein, der das Herz anrührt. Man hofft, dass Freundschaft und Leidenschaft, Kameradschaft und Verlangen, Frieden und Euphorie, dass alles bei dieser einen Person zu finden ist. Leider nur eine schöne Fantasie. Aber weil diese Vorstellung in den Köpfen ist und nicht wirklich passiert, glaubt man, eine kranke Beziehung zu führen. Ich weiß nicht, ob es ein Trost ist: Eine unglückliche Beziehung oder eine schreckliche Ehe ist normal. Viele Menschen leben in Beziehungen, die sie nicht glücklich machen.

Männer und Frauen haben wenig Ahnung voneinander

Manchmal wundere ich mich wirklich, dass die Menschheit noch nicht völlig ausgestorben ist. Wahrscheinlich liegt es daran, dass man beim Geschlechtsverkehr nicht die gleiche Sprache sprechen muss und es dafür völlig egal ist, wie der Partner oder die Partnerin wirklich ist.

Auch beim Sex. Da sind die Missverständnisse die Regel, unabhängig vom Alter, unabhängig von der Bildung.

Da ist es keine Seltenheit, dass selbst nach fünf oder zehn Jahren viele Menschen nicht wissen, an welchen Stellen der Partner besonders empfänglich ist und was er besonders gern mag. Dabei muss das gar nicht ausdrücklich gesagt werden. Manchmal reicht ein Fingerzeig und einfach die Hand zu führen.

Wenn Männer aufs Ganze gehen, meinen sie meistens die untere Hälfte.

Und wenn ein Mann einmal was richtig macht, beispielsweise die Brust einer Frau so berührt, wie sie es gern hat, und sie legt zur Bestätigung ihre Hand auf seine, kann sie damit rechnen, dass er richtig loslegt und so knetet, dass sie am nächsten Tag blaue Flecke hat. So was animiert keine Frau dazu, sich völlig hinzugeben und sich beim Sex komplett fallenzulassen. Aber vielleicht kommt darüber ja sogar ein Gespräch in Gang. Wer seine Wünsche nicht äußert, riskiert sein eigenes Glück.

Es gibt zwei Gründe für eine Frau, sexuell unglücklich zu sein: Wenn er nicht weiß, wo sich die Klitoris befindet – oder wenn er sie gefunden hat. Männer erwarten Schreie der Lust, wenn sie in die Nähe der Klitoris kommen, dabei sind es oft eher gequälte Geräusche. Man muss ihnen zeigen, wie es geht. Zum Beispiel eine tiefgefrorenen Erbse mit dem Zeigefinger auf einer halben Orange so hin- und herschieben, dass die Erbse nicht zerquetscht wird. Die Klitoris ist das einzige Organ, das nur der Lust dient, und sie verdient es, respektvoll behandelt zu werden.

Bei zwei Sachen meint jeder Mann, er sei Experte: beim Sex und beim Autofahren.

Männer sind technisch. Sie schlagen die Bettdecke zurück, als ob sie die Motorhaube öffnen. Wenn sie hören, der Spaß lässt sich für die Frau verlängern, wenn man immer wieder abbricht, dann tun sie es. Ihnen ist nicht klar, dass sie damit vielleicht gerade die Lieblingsfantasie ihrer Partnerin unterbrechen und diese immer wieder von vorne anfangen muss. Kein Wunder, dass die Mädchen dann so tut als ob, um ihre Ruhe zu haben. Dabei müsste der Mann nur sanft und regelmäßig bei der Sache bleiben. Aber welches Mädchen spricht das schon aus. Der Junge wäre beleidigt.

Ich glaube, wohl jede Frau hat Fantasien beim Sex. Natürlich kann eine Frau ganz bei der Sache sein, aber wahrscheinlich nur, wenn sie sehr verliebt ist, und dann oft nur beim allerersten Mal. Danach fängt sie an, für ihn Diät zu halten, sich für ihn herauszuputzen und ihm gefallen zu wollen – und er merkt es nicht einmal. Ihre Unabhängigkeit geht verloren. Also wird sie sauer auf ihn, weil sie sich wie eine Idiotin fühlt, und fängt an, gemein zu werden. Und damit ist die Sache gelaufen.

Männer reden untereinander kaum über Sex

Es sei denn, sie sind 16 und durften noch nicht, oder sie sind erwachsen und gerade auf Entzug. Sobald da eine feste Freundin ist – kein Sterbenswort mehr. Wenn man die Freundin kennt und ihn fragt, wie's steht, kommt als Antwort nur: »Prima. Hast du das Spiel St. Pauli gegen Bayern gesehen?« Sie reden über Sport,

Autos und den Job. Wenn sie erst mal liiert und zufrieden sind, scheinen sie nicht mehr sonderlich an Sex interessiert und eher gleichgültig zu sein.

Pornografie

Das Geschäft mit dem Sex

Pornografie ist ein riesiges Geschäft, ein nicht unbedeutender Wirtschaftsfaktor und eine gesellschaftliche Realität. Allein in Deutschland wird mit Pornofilmen im Jahr über eine Milliarde Euro umgesetzt. Viele Menschen konsumieren Pornos, aber gesprochen wird darüber selten. Es ist generell peinlich, über Sexualität zu reden, und einzugestehen, dass man Wichsvorlagen benutzt, geht gar nicht. Frauenrechtlerinnen kritisieren, dass die Darstellerinnen ausgebeutet werden und das Bild der Frau in den Schmutz gezogen wird.

Ich meine, dass heutzutage jeder halbwegs aufgeklärte Mensch in der Lage sein sollte, die Sexindustrie realistisch zu beurteilen. Dass Frauen nicht so sind wie in diesen Filmen, wissen wir doch längst. Die angeblich »naturgeilen und extrem exhibitionistisch veranlagten« Darstellerinnen sind in erster Linie jung und sie brauchen das Geld. (Exhibitionismus kommt aus dem Lateinischen »das Vorzeigen« und bezeichnet die Neigung, seine Geschlechtsteile in Gegenwart anderer Personen zu entblößen.) Und sie sind bereit, dafür einiges zu tun, denn sonst würden sie diesen Knochenjob nicht machen. Und Männer sind auch nicht so wie im Porno – zum Glück.

Ich habe in den langen Jahren von *Wa(h)re Liebe* etliche männliche und vor allem weibliche Pornodarsteller gesprochen und mit einer Ausnahme waren es alles junge Leute, die genau wussten, was sie da tun. Sie verkaufen Illusionen und bemühen sich, in diesem kapitalistischen Geschäft sauber zu bleiben.

Pornos sollen geil machen. Sie konfrontieren uns auf direkte Art und Weise mit unseren Wünschen und sexuellen Fantasien. Das kann erschrecken, aber auch aufschlussreich sein, für uns selbst und auch für unsere Beziehung. Nicht wenige Partnerschaften entdecken über den Mittler Pornofilm, was der/die andere mag – oder strikt ablehnt.

Die wenigsten von uns sehen so toll aus wie die Sexhelden in den Filmen. Und dennoch hat der Partner/die Partnerin uns ausgewählt. Die Darsteller aus den Streifen stellen also keine Konkurrenz dar, auch wenn sie geil machen. Die Filme sind nichts weiter als eine Projektion eigener Fantasien.

Für Männer bedeutet Sex manchmal etwas ganz anderes als für Frauen. Da ist der Koitus und die Ejakulation oft nichts weiter als eine Bestätigung der eigenen Männlichkeit und reine Triebbefriedigung. Mit dem Ausdruck von Zuneigung hat der Sex in solchen Fällen gar nichts zu tun.

Übrigens: Auch Frauen mögen Pornos. 31 Prozent der Paare schauen sich solche Filme gemeinsam an. Die Geschmäcker sind allerdings verschieden. Männer wollen Nahaufnahmen, Frauen möchten wenigstens den Anflug einer Handlung.

Stellen wir uns einen Film vor. Am Straßenrand steht ein Auto mit geöffneter Motorhaube und eine dralle Blondine lehnt am Kotflügel. Der Helfer hält, beugt sich kurz über den Motorblock und dann über die Blondine. Männer wollen dann das Technische sehen, wie der Kolben arbeitet usw. Frauen wollen wissen: Fährt das Auto nachher auch wieder? Und haben die beiden Telefonnummern ausgetauscht?

Wenn Männer Details im Porno wollen, handelt es sich um bildfüllende Makroaufnahmen von fast schon medizinischen Bildern. Und Frauen wollen gut aussehende Männer, weil sie die im richtigen Leben meistens nicht kriegen. Das Problem ist allerdings, dass Pornos in aller Regel von Männern produziert werden. Und die interessieren sich nun mal in der Regel nicht für gut aussehende andere Männer. Leider.

Die dunkle Seite der Pornografie

Die einerseits begrüßenswerte Freizügigkeit im Umgang mit Sexualität hat ihre dunkle Kehrseite. Widerlich sind die Porno-Rapper, deren Texte von Vergewaltigung und anderen Albträumen handeln. Die Songs sind als jugendgefährdend eingestuft und laufen nicht im Radio, werden aber übers Internet verbreitet. Bei einigen Jugendlichen wird das Bild vom Zusammensein von solchen Texten und leicht zu beschaffender Pornografie geprägt. Wer in seinem Umfeld keine Liebe erlebt und nicht sieht, wie sie sich ausdrücken kann, aber Zugang zu Pornos übers Internet hat, wird glauben, dass Sex der einzige Ausdruck von Zuwendung ist. Dann wird nicht geküsst, dann wird nur gefickt. Mit Freiheit, mit Zärtlichkeit und mit Liebe haben solche ersten Erfahrungen dann nichts zu tun. Alles über sexuelle Praktiken zu wissen und nichts über Gefühle, schwärzt die Seele, führt in eine sexuelle Verwahrlosung und macht arm fürs Leben.

Wie viele Menschen häufig Pornos gucken und ob das ihre Sexualität und Persönlichkeit verändert, ist nicht erforscht. Wenn aber Pornografie ständiger Bestandteil des Alltags ist, verändert sich nicht nur die Sexualität eines Menschen, sondern sein ganzes Wesen. Vorbilder sind dann keine Liebenden, die etwas füreinander empfinden, sondern Darsteller ohne Gefühle.

Sexuelle Beleidigungen

»Hurensohn«, »alte Fotze« oder »schwule Sau« – alles in mir sträubt sich, solche sexuell gemeinten Beleidigungen aufzuschreiben. Aber sie gehören zum Alltag und sie werden häufig benutzt. Wer solche Worte verwendet, will verletzen, und das gelingt auch meistens. Wie geht man mit diesen Schimpfwörtern um? Am besten wäre es natürlich, sie würden gar nicht ausgesprochen. Wenn einem solche Unflätigkeiten nachgerufen werden, kann man sich vielleicht klarmachen, was dahintersteckt, und dann treffen einen die Beleidigungen nicht so sehr. Wer so rumpöbelt, ist unsicher und unreif und kennt keine anderen Möglichkeiten einer Auseinandersetzung. Am besten ignoriert man solche Menschen und straft sie mit Verachtung. Wer sich auf die gleiche Ebene begibt und genau so zurückschimpft, beschmutzt sich selbst. Außerdem: Die wenigsten von uns sind Kinder von Prostituierten, und selbst wenn: Na und, niemand ist für den Beruf seiner Eltern verantwortlich. Das F-Wort ist aus meiner Sicht allerdings absolut tabu. Dieser Ausdruck für das weibliche Geschlechtsteil, ob mit V oder F geschrieben, hat im Wortstamm mit dem Begriff »faulen« zu tun und sollte am besten komplett aus dem Wortschatz gestrichen werden, weil er auf Frauenverachtung zurückzuführen ist. »Schwul« war ein abfälliger Begriff für männliche Homosexuelle. Als diese anfingen, das Wort für sich selber zu benutzen, hat sich die Bedeutung versachlicht. Heute wird auch in seriösen Radio- oder Fernsehsendungen das Wort »schwul« ganz selbstverständlich gebraucht.

Letzten Endes machen Menschen, die sich liebevoll verhalten, eher liebevolle Erfahrungen als solche, die sich aus Dummheit oder Unwissen grausam und respektlos benehmen.

Keine Lust

Vorübergehende Unlust

Lustlosigkeit setzt uns unter Druck, denn wir leben in einer sexualisierten Gesellschaft. Verlangen zu spüren ist gewissermaßen ein Statussymbol: Überall und eigentlich jederzeit wird uns Sexualität um die Ohren gehauen, von der Werbung über Talkshows bis hin zu Illustrierten und auch in diesem Buch.

Wer keine Lust hat, gilt schnell als sonderbar und wird sein sexuelles Desinteresse wohl aus Scham verbergen wollen. Dennoch gibt es Zeiten im Leben, in denen andere Dinge als Sexualität für eine kürzere oder längere Zeit wichtiger sind. Und es gibt eben tatsächlich Menschen, die generell keine Lust auf Sex haben – ein Leben lang oder zeitweilig, ständig oder durch bestimmte Umstände.

Kein Verlangen zu spüren kann daran liegen, dass der Körper eine zeitweilige Schwäche verarbeitet, dass Stress vorliegt oder die betreffende Person an einer chronischen Krankheit wie Diabetes leidet, dass sie bestimmte Medikamente wie Psychopharmaka einnimmt oder dass eine Chemo- oder Aids-Therapie durchgeführt wird. Es kann aber auch sein, dass die Psyche Vorgänge wie Liebeskummer verarbeiten will und sich eine Auszeit nimmt, oder dass es einfach keinen passenden Partner gibt.

Es ist durchaus normal, für eine längere Zeit auch ohne schwerwiegende Gründe lustlos zu sein und nicht einmal das Verlangen nach Masturbation zu haben.

Es gibt außerdem auch Menschen, die dauerhaft asexuell sind. Dabei gibt es verschiedene Ausprägungen von Asexualität oder sexueller Aversion. Solche Menschen zeigen wenig Interesse, sexuelle Aktivitäten von sich aus anzufangen, und reagieren auf Angebote wenig oder nur widerwillig.

Dauerhafte Asexualität

Diese Menschen sind sexuell funktionsfähig, aber es gibt auch Fälle, in denen eine sexuelle Dysfunktion vertuscht werden soll. In den meisten Fällen liegt eine psychische Ursache zugrunde, aber Wissenschaftler ziehen auch in Erwägung, dass in seltenen Fällen eine Art Mutation vorliegen könne.

Ursachen für ein nichtvorhandenes Sexverlangen können organische Gründe oder psychosoziale Umstände sein. Hormonausfälle, Alkoholismus, Nierendysfunktion, Drogenmissbrauch, schwere chronische Erkrankungen können einzeln oder insgesamt eine Rolle spielen. Ein Teil der an solchen Störungen leidenden Männer haben Drüsentumore, die ein Übermaß an Prolaktin produzieren. Das Prolaktin unterdrückt die Produktion von Testosteron und führt nicht nur zur Impotenz, sondern eben auch zu einer Triebhemmung. Eine Anzahl von Fällen hat psychische Ursachen wie Depressionen und Minderwertigkeitskomplexe, Feindseligkeit gegenüber dem Partner und Machtkämpfe in der Beziehung.

Zum einen gibt es Leute, die zwar einen sexuellen Trieb verspüren, sich aber nicht zu anderen hingezogen fühlen. So jemand wird vielleicht masturbieren, aber keinen partnerschaftlichen Sex mögen. Vielleicht liegt es daran, dass der- oder diejenige ein Idealbild hat, das von niemandem erfüllt werden kann. Oder diese Person achtet sich selbst so gering, dass sie sich mit niemandem einlassen kann.

Dann gibt es Menschen, die sich zwar von anderen angezogen fühlen, aber denen jede sexuelle Regung dabei fremd ist. Liebevolle Gefühle und Zärtlichkeit ohne Sexualität reichen ihnen aus. Das kann in Partnerschaften zu Konflikten führen, wenn die eine Seite begehrt und die andere nicht. Aber mit Offenheit und Verständnis bei beiden kann so eine Paarbeziehung durchaus funktionieren und ist – seien wir ehrlich – ein Zustand, in den viele Paare nach Jahren der Gemeinsamkeit geraten.

Ein anderer Typus spürt Verlangen und Gefühle, bringt beides aber nicht zusammen. So jemand kennt geile Begegnungen und tiefe Gefühle, ist aber nicht in der Lage, beides miteinander zu verbinden, auch wenn der Wunsch da ist.

Und es gibt auch Leute, die weder einen sexuellen Trieb kennen noch wissen, was das Zusammensein mit anderen bedeuten kann. Intimität, Geilheit, Erotik oder Nähe sind Begriffe ohne Bedeutung und werden nicht verstanden. Ihnen Sexualität erklären zu wollen ist dann, wie einem blind geborenen Menschen eine Farbe zu schildern.

Wer aus sich selbst heraus unter den geschilderten Symptomen leidet, kann und sollte wie bei allen schwerwiegenden Sexproblemen therapeutische Hilfe suchen. Leider führt aber ein Erkennen der möglicherweise psychischen Ursache, wie etwa eine aus dem Gedächtnis gestrichene Vergewaltigung in früher Kindheit, nicht immer zu einer Veränderung oder Besserung. Manchmal sind Verletzungen der Seele so schwer, dass die Betroffenen versuchen müssen, ohne Heilung weiterzuleben.

Missbrauch/Vergewaltigung

Eine Vergewaltigung ist eine Straftat, die gegen die sexuelle Selbstbestimmung des Opfers verstößt. Als Vergewaltigung werden sexuelle Handlungen bezeichnet, zu denen eine Person gegen ihren Willen unter Anwendung oder Androhung von Gewalt oder durch das Ausnutzen einer hilflosen Lage gezwungen wurde. Der erzwungene Beischlaf gilt als vollendet, wenn der Penis zumindest in den Scheidenvorhof eingedrungen ist – eine Ejakulation muss nicht erfolgt sein.

Wurde kein Beischlaf erzwungen, kann dennoch der Tatbestand einer sexuellen Nötigung vorliegen. Die Vergewaltigung stellt die obere Schwelle der sexuellen Nötigung dar, wobei die Grenze verschwommen ist. Die Not des Opfers kann aus meiner Sicht nicht abhängig gemacht werden davon, was der Täter konkret getan hat.

Jeder Mensch gehört vor allem sich selber und entscheidet selbst, mit wem und wann er oder sie Sexualität haben möchte. Trotzdem kann man in Situationen geraten, in denen man das Gefühl hat, dass andere Entscheidungen treffen, mit denen man nicht einverstanden ist. Dabei ist es egal, ob es sich um Fremde oder vertraute Personen handelt. Meistens passieren Übergriffe leider durch Menschen, die man kennt und denen man vertraut hat. Auch wenn eine Liebesbeziehung vorhanden ist oder war, ist jede sexuelle Grenzverletzung etwas, gegen das man sich zur Wehr setzen muss.

Missbrauchshandlungen müssen gar nicht durch Gewalt oder Drohungen erpresst sein. Manche Opfer merken erst später, dass sie nicht einverstanden waren mit dem, was da gerade passiert ist. Sie haben mitgemacht, obwohl ihr Gefühl ihnen gesagt hat, dass sie gar nicht wollen. Aber weil sie den Täter mögen oder bewundern, weil sie unerfahren und unsicher sind, wehren sie sich in manchen Situationen nicht gegen das, was das Gegenüber fordert. Viele Täter sind Menschen mit einem geringen Selbstwertgefühl und könnten durch energischen Widerstand in die Schranken gewiesen werden, aber dazu gehört eben auch Lebenserfahrung und Selbstsicherheit.

Ein sexueller Übergriff ist alles, was jemand gegen den Willen einer anderen Person an sexuellen Handlungen ausübt. Auch wenn man sexuell erregt ist, heißt das nicht, dass man damit automatisch mit dem einverstanden ist, was passiert. Obszöne Worte, ungewollte Berührungen oder Küsse, das Zeigen von Pornografie oder der Zwang zum Geschlechtsverkehr welcher Art auch immer, ist mehr als eine Belästigung. Auch wenn ein Paar sich umarmt hat und es den Anschein hat, dass es weitergehen könnte, haben doch beide zu jeder Zeit das Recht, Stopp zu sagen. Ein Mensch, der das nicht respektiert und weitermacht, tut dies nicht aus Liebe, sondern will damit Macht und Kontrolle ausüben. Solchen Situationen ausgesetzt gewesen zu sein, kann unterschiedliche Reaktionen wie Angst, Scham und Wut auslösen. Hilflos war man der Macht eines anderen ausgeliefert und befürchtet vielleicht, dass es wieder passieren könnte. Dazu kommt ein Gefühl der Beschämung, weil man sich nicht zur Wehr gesetzt hat und scheinbar erlaubt hat, dass Grenzen überschritten wurden. Und man wird wütend, auf den Täter, aber auch auf sich selbst, weil man sich eine Mitschuld gibt. Manche Opfer verdrängen auch, was geschehen ist, und tun so, als ob nichts gewesen wäre. Das ist alles eine normale Reaktion.

Für das Selbstwertgefühl ist es aber besser, irgendwann früher oder später über den Übergriff zu sprechen und ihn eventuell auch anzuzeigen. Damit bekommt man das Gefühl zurück, selbst zu entscheiden. Vielleicht ist es besser, in einer Beratungsstelle mit Menschen zu reden, die nicht zum Umfeld gehören. Mit Freunden oder Eltern zu sprechen kann schnell in eine aufgeheizte Stimmung und auch zu Vorwürfen führen, oder die ganze Sache wird aus Hilflosigkeit heruntergespielt, um weiteren Ärger zu vermeiden. Wenn man sowieso schon gefühlsmäßig verletzt ist, hilft eine sachliche Atmosphäre und nüchterne Beratungssituation eher, mit dem Vorgefallenen umzugehen. Auch wenn man den Täter stellt und ihm vorhält, was er getan hat, ist es besser, dabei nicht allein zu sein.

Nicht nur Mädchen, auch Jungen erleben sexuelle Übergriffe, sei es von Männern, aber auch von Frauen. Erfahrungsgemäß fällt es jungen Männern noch schwerer, über solche Vorgänge zu reden. Sie haben verstärkt das Gefühl, versagt zu haben und müssten sich dann eingestehen, dass sie entgegen ihrem eigenen Selbstbild gar nicht so stark sind, wie sie glauben. Aber es gibt eben Situationen, denen jeder Mensch zunächst hilflos ausgesetzt ist. Der beste Weg, sein Selbstwertgefühl zurückzubekommen, ist, aktiv zu werden und klarzustellen, dass ein anderer unerlaubt Grenzen überschritten hat.

Wird eine Frau vergewaltigt, ist es wahrscheinlich, dass sie den Täter kennt (66 Prozent), der Täter in der gleichen Gegend wohnt (82 Prozent), die Vergewaltigung in seiner oder ihrer Wohnung geschieht (56 Prozent), der Täter ein »normaler« Mann ist (90 Prozent), die Vergewaltigung geplant war (82 Prozent) und dass der Täter zusätzliche Gewalt anwendet (85 Prozent).

Kontakte im Internet

Handys und Computer haben die Möglichkeiten, Kontakte zu knüpfen, ungeheuer stark erweitert. Chatten im Internet mit wirklichen Freunden und Freundinnen ist völlig üblich. Aber auch mit Fremden, die von sich ein Bild entwerfen, das sie attraktiv erscheinen lassen soll. Deshalb sollte sich jede und jeder vorher genau überlegen, wie viele seiner geheimsten Gefühle und Wünsche er einem Fremden gegenüber äußert. Wer Kontakte über das Netz hat, sollte mit seinen Freundinnen und Freunden darüber sprechen. Mann sollte sich nicht auf Treffen einlassen, von denen kein anderer weiß, wo oder mit wem sie stattfinden. Gerade jungen Menschen könnten ältere Männer toll klingende Angebote machen, die verleiten sollen, viel von sich selbst zu erzählen und zu zeigen. Große Versprechungen von angeblichen Casting-Experten oder Fotografen sollten immer misstrauisch machen. Vor allem dann, wenn gesagt wird, man sollte für ein Treffen allein an einen unbekannten Ort kommen.

Gesetze

Gesetzlich verboten ist Sex zwischen Geschwistern, mit den eigenen Kindern oder Enkelkindern. Zwischen homo- und heterosexuellen Beziehungen wird nicht unterschieden. Auch sexuelle Handlungen mit sogenannten Schutzbefohlenen, für deren Erziehung, Ausbildung oder Betreuung man verantwortlich ist, ist verboten. Dabei handelt es sich um Lehrer, Berater, Therapeuten, Pfleger und auch Stiefeltern.

Ab wann ist es erlaubt?

Gesetzlich verboten sind auch sexuelle Handlungen, wenn beide Beteiligten unter 14 Jahre alt sind oder wenn einer von beiden noch nicht 14 ist. Außerdem gibt es Einschränkungen, wenn einer von beiden über 21 ist und der/die andere erst 14.

In folgenden Fällen sind sexuelle Handlungen ohne Einschränkungen erlaubt: Ein Partner ist 14, der andere ist unter 21. Der Partner oder die Partnerin eines 21-jährigen Menschen muss mindestens 16 Jahre alt sein.

Kindesmisshandlung

Kindesmisshandlung kommt so häufig vor, dass man davon ausgehen kann, dass überall dort, wo sich Kinder aufhalten, auch Opfer zu finden sind. Sehr oft handelt es sich dabei um eine sexuelle Misshandlung oder Vergewaltigung. Eine angezeigte Vergewaltigung oder sexuelle Nötigung wird strafrechtlich verfolgt, die Aufklärungsrate liegt bei etwa 80 Prozent. Viele Fälle werden allerdings nicht angezeigt oder erst später nach Verlassen des Elternhauses. Nach einer Statistik des Bundeskriminalamts werden in Deutschland jedes Jahr über 15 000 Kinder unter 14 Jahren sexuell misshandelt, die Dunkelzahl ist wahrscheinlich weitaus größer. Am höchsten ist die Anzeigenquote bei unbekannten Tätern, aber etwa drei Viertel der Täter kommen aus dem familiären Umfeld oder dem Freundeskreis.

Unter sexuellem Missbrauch versteht man jede Form sexueller Aktivität mit Kindern unter 14 Jahren. Dazu zählen Genital-, Oral- und Analverkehr, das Berühren am Geschlecht oder den Brüsten, die Penetration mit Fingern oder Gegenständen. Außerdem Berührungen des Kindes mit den Genitalien des Erwachsenen, Masturbieren oder Entblößen vor dem Kind. Kinderpornografie oder die Konfrontation Minderjähriger mit Darstellungen von Sexualität sind ebenso Formen sexueller Misshandlung. Für den strafrechtlichen Tatbestand spielt eine Einwilligung des Kindes keine Rolle.

Sexunfälle

Beim Sex zu experimentieren ist großartig. In der Intimität der Zweisamkeit sich und den Partner/die Partnerin zu erkunden und Neues auszuprobieren, stärkt die Beziehung. Aber es kann bei solchen Versuchen, ob allein oder zu zweit, auch zu unglücklichen Unfällen kommen. So was amüsiert oft andere, aber die Betroffenen finden das gar nicht komisch. Nicht alle Sexunfälle sind vermeidbar, aber manchmal wird die Gesundheit bewusst aufs Spiel gesetzt. So kann man zwischen Unfällen und Verletzungen beim Geschlechtsverkehr und vermeidbaren Unfällen durch Selbstmanipulation unterscheiden.

Am Teppich aufgeschürfte Knie und Hinterteile, ein gezerrter Rücken oder blaue Flecken überall sind Folgen heftiger sexueller Begegnungen, mit denen wohl jeder einmal zu tun hat. Solche Blessuren trägt man fast stolz, weil sie an guten Sex erinnern, bei dem beide alles um sich herum vergessen haben. Unangenehmer sind richtige Verletzungen, die man sich im Überschwang der Gefühle zuziehen kann und die manchmal einfach passieren.

Riss des Vorhautbändchens

Ein blutiger, wenn auch letzten Endes harmloser Fall, ist der Riss des Vorhautbändchens. Bei manchen Männern ist das Bändchen, das die Vorhaut mit der Eichel verbindet, so kurz, dass es bei heftigen Hin- und Herbewegungen reißt. Das passiert meist beim Masturbieren, aber eben auch, wenn der Penis eingeführt ist. Dann ist im ersten Moment nicht klar, woher die oft heftige Blutung stammt. Die Verletzung kann mit ein paar Stichen beim Arzt genäht werden, heilt aber auch ohne medizinische Versorgung. Bei einer Beschneidung wird das Bändchen übrigens durchtrennt, sodass ein beschnittener Mann damit keine Probleme haben sollte.

Penisbruch

Schmerzhafter und mit gravierenderen Folgen ist ein Penisbruch. Fachleute unterscheiden zwischen einem schweren und einem leichten Fall, aber jedes Mal knicken oder brechen die Schwellkörper im Penis. Das kann im Schlaf beim Umdrehen passieren, wenn der Mann eine nächtliche Erektion hat und mit seinem Gewicht das Glied abknickt. Auch der Versuch, den erigierten Penis mit Gewalt in die Unterhose zu stopfen oder durch Kneten eine Erektion zu vermeiden, kann böse enden. Oder es geschieht bei bestimmten Sexstellungen (Reiterstellung, von hinten oder im Stehen), wenn der Penis herausrutscht und gegen das Becken der Partnerin stößt.

Ein starker Schmerz verbunden mit einem hörbaren Knacken beendet das Zusammensein. Innerhalb kürzester Zeit schwillt der gesamte Penis auf die zwei- bis dreifache Dicke an und verfärbt sich dunkelrot. Der Bruch reißt die Schwellkörperhaut auf und das Blut strömt aus den Schwellkörpern in das umliegende Gewebe. Es bildet sich ein Bluterguss, der den ganzen Penis betrifft. Am besten wickelt man das Glied sofort in kalte Tücher mit Eis, um den Bluterguss einzudämmen, und sucht unbedingt einen Arzt auf, der den Riss im Schwellkörper eventuell nähen muss.

Bei einem leichten Penisbruch, bei dem es nach einem Knacken und einem kurzen Schmerz ebenfalls zu einer nachlassenden Erektion kommt, tritt kein Bluterguss auf. Ein unbehandelter Penisbruch führt nach einiger Zeit meist zu einer Knotenbildung oder zu einer Penisverbiegung. Dann können längerfristige Erektionsstörungen auftreten oder die Deformation ist so extrem, dass kein Sex mehr möglich ist.

Andere Unfälle

Ein Scheidenkrampf, durch den ein Mann seinen Penis nicht mehr aus seiner Partnerin ziehen kann, kommt äußerst selten vor. Im Fall des Falles kommt ein Notarzt und spritzt ein krampflösendes Mittel, sodass der peinliche Transport zu zweit auf einer Bahre nicht nötig ist.

Eigentlich ist es herrlich, beim Sex vor Lachen aus dem Bett zu fallen. Aber auch das kann schiefgehen und man landet unglücklich. Oder das Bett bricht zusammen, was auch witzig klingt, aber durchaus zu einem Bruch führen kann. Wenn man das Gefühl hat, sich ernsthaft verletzt zu haben, sollte man sich darum kümmern. Lust, weiterzumachen, wird dann eh keine mehr da sein.

Zur Steigerung ihrer Lust sind manche Menschen besonders einfallsreich. Alle denkbaren Gegenstände haben Ärzte schon aus den unteren Körperöffnungen von Männern und Frauen herausoperiert. Ohne Behandlung drohen Schleimhautrisse, Infektionen und schwere Eingriffe. Die »eingebrachten Objekte« reichen von einem Regenschirm mit Hülle über Vibratoren und Kerzen bis zu einer zusammengerollten Sonntagszeitung und Flaschen.

Zu einem Notfall kann es auch kommen, wenn sich ein Mann einen Metallring zur Erektionsverstärkung anlegt. Das gestaute Blut im Penis kann nicht wieder abfließen und verhindert dadurch, dass der Ring abgezogen werden kann. Wer selbst zum Bolzenschneider greift, riskiert viel. Die Feuerwehr oder ein Notarzt hilft, denn wenn der Ring zu lange die Zirkulation des Blutes verhindert, kann der Penis absterben. Also Hände weg von Metallringen: Dann sollte doch lieber ein Lederring mit einem Druckknopf verwendet werden.

Erektionsschwierigkeiten

Ich habe den Eindruck, jeder auch nicht von Potenzproblemen betroffene Mann ist interessiert daran, seine Manneskraft zu verbessern. Nun sind die Medikamente, die es auf dem Markt gibt, aber kein Aphrodisiakum. Das heißt, die Lust wird nicht automatisch herbeigeführt, lediglich die Fähigkeit, Sex zu haben wird unterstützt, wenn die Lust da ist.

In Deutschland haben vier bis sechs Millionen Männer Potenzprobleme, auch Erektile Dysfunktion genannt. Das sind richtig viele Männer, junge und alte. Rund 1,5 Millionen Männer werden derzeit von ihren Ärzten mit Potenzpräparaten wie Viagra, Cialis und Levitra behandelt, und die Tendenz ist steigend.

Es gibt viele Ursachen für Erektile Dysfunktion.

Rund 70 Prozent der Erektionsstörungen sind organischer Natur. Schuld sind Diabetes, Bluthochdruck und Durchblutungsstörungen, Prostata-Operationen oder Herzkrankheiten.

Männer müssen nicht immer können

Die verbleibenden 30 Prozent der Männer mit Erektionsproblemen sind psychogen bedingt – der Kopf ist nicht frei für Sex: Stress, ungelöste Konflikte in der Partnerschaft oder in der eigenen Persönlichkeit, Depressionen, Ängste können hier beispielsweise die Ursache sein.

Sogar sexuelle Mythen können der Auslöser solcher psychogener Aussetzer sein. So zum Beispiel die Annahme, ein Mann müsse immer können. Oder der Gedanke, dass die Initiative immer von ihm auszugehen habe. Oder der Irrglaube, dass jede Erektion unbedingt zu einem Orgasmus führen muss. Nebenbei: Wer hat eigentlich behauptet, dass jede Erregung auch zur Erektion führen muss?

Egal ob körperlich bedingt oder psychogen: Sicher ist, dass in beiden Fällen geholfen werden kann.

Je länger die Beziehung dauert, desto weniger ...

Es gibt so ein paar Mythen, die sich ums Thema Sex ranken.

Einer dieser Mythen heißt: In längeren Beziehungen spielt Sex gar keine Rolle mehr. Fakt ist, dass die Häufigkeit nachlässt. Ein frischverliebtes Paar fällt andauernd übereinander her, treibt es so oft wie möglich miteinander, egal wo und wann. Nach einem Jahr haben nur noch 4 Prozent aller Paare täglich Sex miteinander.

Egal, ob ein Paar in den Zwanzigern ist oder aber Mitte fünfzig: Etwa nach drei bis vier Jahren des Zusammenseins lässt bei beiden Altersgruppen die Häufigkeit nach. Aber ganz drauf verzichten wollen die wenigsten, denn Sex macht glücklich und verbindet und ist in den meisten Fällen für eine funktionierende Partnerschaft enorm wichtig. Und alle Studien belegen, dass Paare bis ins hohe Alter an Sexualität interessiert sein können. Nun muss es ja nicht mehr der Sprung vom Schlafzimmerschrank aufs Wasserbett sein, aber Lust kann in jedem Lebensalter erhalten bleiben. Sex ist kein Privileg der Jüngeren.

Die Impotenz eines Mannes ist eigentlich immer auch ein Problem der Partnerin. Wenn er nicht will oder kann, ganz gleich warum, nagt es an ihrem Selbstwertgefühl. Jedenfalls sagen das 65 Prozent der Frauen.

Er zieht sich wegen seines Unvermögens zurück und die Frau fragt sich, was sie womöglich falsch gemacht hat oder ob er sie nicht mehr attraktiv findet. Und beide sind frustriert, weil er nicht mehr kann.

Also keine falsche Scham, egal in welchem Alter. Man sollte in einer Partnerschaft über alles reden können, sonst stimmt generell etwas nicht zwischen den beiden.

Potenzpillen sind keine Lustmacher

1992 wollten Forscher ein neues Mittel gegen Bluthochdruck erfinden, scheiterten aber. Dennoch wollten die vor allem älteren Versuchspersonen der klinischen Tests nicht mehr auf ihre Pille verzichten, denn es stellte sich heraus, dass dieses neue Medikament bei sexueller Erregung dafür sorgte, dass Männer über eine längere Zeit eine stabile Erektion halten konnten. Viagra war erfunden.

Ein Forschungsfehler, ähnlich wie Teflon. Da wollte man eigentlich ein Schutzschild für Raketen bauen und heraus kam eine Bratpfanne.

Die Forscher hatten aus Zufall ein Medikament entwickelt, das besonders bei älteren Männern Potenzprobleme beseitigen konnte. Nebenwirkungen waren bei vielen jedoch Kopfschmerzen, eine verstopfte Nase oder eine veränderte Farbwahrnehmung. Viele Nutzer berichteten auch, sie hätten einen hochroten Kopf bekommen.

Dieses Mittel ist kein normales Lust verstärkendes Präparat (Aphrodisiakum), weil bestimmte Nebenwirkungen lebensbedrohlich sein können. Gleiches gilt für den insbesondere in Schwulenkreisen häufig benutzten sexuellen Muntermacher Poppers. Nach der Einnahme von Viagra, so heißt es, droht beim Inhalieren akute Lebensgefahr.

Cialis: Das Mittel enthält Tadalfin und unterscheidet sich von Viagra in erster Linie dadurch, dass die Wirkung deutlich länger anhält: Bis zu 36 Stunden sind Männer nach der Einnahme von Cialis erektionsfähig. Aber niemand, der Cialis schluckt, muss fürchten, zwei Tage lang mit einer Erektion herumlaufen zu müssen. Es besteht lediglich die Möglichkeit, innerhalb dieses Zeitraumes Sex zu haben.

Levitra wirkt angeblich schneller als Viagra und gilt als gut verträglich. Die beim Konkurrenten Viagra beobachteten Kopfschmerzen treten beim Neuling offensichtlich seltener auf. Doch auch hierbei müssen die Konsumenten mit einem roten Kopf und einer verstopften Nase rechnen.

Eines haben alle Produkte gemeinsam: Sie verschaffen keine Lust. Nur wer ohnehin offen für Sex ist, wird ihn mithilfe der Pillen haben können. Gemeinsam ist den drei Medikamenten, dass sie ziemlich kostspielig sind. Zwischen 6 und 12 Euro sind für eine Dosis zu berappen.

Ähnliche Wirkungen sollen auch sogenannte Nahrungsergänzungsmittel haben, die unter den Namen Macaviril, Macapur, Androxan, Euviril zu kaufen sind. Die Wirkung tritt etwas später ein, weil es sich um Wirkstoffe aus der Natur handelt. Es ist so ähnlich wie mit chemischen Schlaftabletten, die sofort wirken, und Johanniskrautpillen, die man schlucken und eine Weile warten muss, bis man die beruhigende Wirkung merkt.

Sexuell übertragbare Krankheiten und Geschlechtskrankheiten

Sie sind oftmals sehr ansteckend und führen zu Infektionen, die ernst zu nehmende Folgen haben können – bei AIDS und Hepatitis B sogar in vielen Fällen den vorzeitigen Tod. Die meisten Erreger können bei genitalem, oralem und analem Verkehr übertragen werden, bei manchen genügen auch andere körperliche Kontakte wie Küssen oder das bloße Berühren infizierter Geschlechtsteile. Früher nannte man deshalb die sexuell übertragbaren Krankheiten und Geschlechtskrankheiten leichtfertig »galante Krankheiten«. Die Übertragungswege waren schon bekannt, aber es gab noch keine wirksamen Medikamente.

Heute gibt es in den meisten Fällen erfolgreiche ärztliche Behandlungsmöglichkeiten, aber die Gefahren dieser Ansteckungen sind dadurch nur gemindert. Der größte Schutz liegt im Wissen über die Infektionsmöglichkeiten und einem verantwortlichen Handeln. Die Gefährdung besteht unabhängig von den jeweiligen Sexualpraktiken. Besonders betroffen sind Menschen mit häufig wechselnden Geschlechtspartnern. Deshalb ist Safer Sex total wichtig, denn dadurch lässt sich die Wahrscheinlichkeit einer Infektion verringern.

Übrigens muss der behandelnde Arzt über Geschlechtskrankheiten eine anonyme Meldung bei den Gesundheitsbehörden machen.

Syphilis, harter Schanker

Die Übertragung von Syphilis findet durch ungeschützten sexuellen Kontakt statt. Die Erkrankung erfolgt über die Schleimhäute und wird durch ein Bakterium ausgelöst. Eine an Syphilis erkrankte Frau kann ihr Kind während der Schwangerschaft und später während der Geburt anstecken.

Wenn die Erkrankung nicht behandelt wird, verläuft sie in vier Stadien: Im ersten Stadium bildet sich der sogenannte harte Schanker. An der Eintrittsstelle der Bakterien erscheint ein schmerzarmes oder schmerzloses, verhärtetes Geschwür. Dieses Geschwür kann sich am Penis, an den Schamlippen, in der Vagina oder bei oraler Ansteckung im Mund- und Rachenraum bilden. Da diese Stelle nach einigen Wochen von selbst abheilt, bleibt die Erkrankung meist unerkannt. In diesem Stadium besteht erhöhte Ansteckungsgefahr.

Ungefähr zwei Monate nach der Infektion beginnt das zweite Stadium. Nun kann es zu Veränderungen der Haut und der Schleimhaut kommen. Häufig wird dieses Stadium von grippeähnlichen Symptomen begleitet, wie zum Beispiel Fieber, Gelenksschmerzen und Schlappheit. Aufgrund der auftretenden nässenden Hautausschläge besteht auch jetzt höchste Ansteckungsgefahr.

Diese ersten zwei Stadien nennt man Frühsyphilis. Danach folgt eine Latenzzeit, das ist eine zeitliche Verzögerung der Krankheit. So kommt es häufig vor, dass Monate oder Jahre zwischen der Frühsyphilis und der Spätsyphilis liegen, in denen kein offensichtliches Krankheitsbild erkennbar ist. Die Infektionsgefahr bleibt jedoch erhalten.

Im dritten Stadium beginnt der Befall der inneren Organe, der Muskeln und der Haut. Weitere schwere Erkrankungen an Leber, Knochen und Nervensystem sind möglich. In diesem Stadium kann es zu gummiartigen Knoten oder Geschwüren (sogenannten Gummen) kommen. Diese können sowohl äußerlich aber auch innerlich, zum Beispiel an der Luftröhre auftreten. Neben den Gummen sind auch Entzündungen der Knochenhaut sowie Gefäßentzündungen möglich. In diesem Stadium der Syphilis sind kaum noch Erreger nachweisbar.

Ein Großteil der Patienten erkrankt an einer Hirnhautentzündung. Diese wirkt sich negativ auf die Sehkraft aus und daraus resultieren Sehstörungen, die bis zur Blindheit führen können. Bei einer unbehandelten Erkrankung folgt die Zerstörung des Nervensystems und des Knochenmarks. Es kommt zum Verlust der Schmerz- und Temperaturwahrnehmung. Weitere Symptome sind Gehstörungen sowie Kontrollverlust über Blase und Darm. Bei unbehandelten Patienten tritt eine Lähmung auf.

Syphilis wird mit dem Antibiotikum Penizillin behandelt, da eine Resistenz des Erregers bisher nicht bekannt ist. Eine vollständige Heilung gilt als wahrscheinlich. Bei einem späteren Behandlungsbeginn ist das Risiko von Folgeschäden sehr groß, aber das Fortschreiten der Krankheit kann durch Penizillin verhindert werden.

Tripper, Gonorrhö

Tripper ist eine Infektionskrankheit, die durch Gonokokken übertragen wird, und zählt zu den häufigsten Geschlechtskrankheiten. Wie bei der Syphilis findet die Übertragung über Schleimhäute statt, die meist durch geschützten sexuellen Kontakt verhindert werden könnte. Auch hier kann eine infizierte Mutter die Krankheit während der Schwangerschaft und der Geburt auf das Kind übertragen.

Die Erkrankung tritt wenige Tage nach der Ansteckung auf. Häufige Symptome sind eine Entzündung der Harnröhre, Juckreiz im Genitalbereich und gelb-grünlicher oder eitriger Ausfluss. Weiter können Beschwerden im Analbereich und im Mund- und Rachenraum auftreten. Weitere mögliche Symptome beim Mann sind starke Schmerzen der Prostata und der Nebenhoden. Es kann zu hohem Fieber und starken Unterleibsschmerzen kommen.

Da es sich um eine bakterielle Infektionskrankheit handelt, wird sie mit Antibiotika behandelt. Im Gegensatz zu Syphilis ist es bei Tripper bereits zu einer Resistenz gegenüber Penizillin gekommen. Da es bei dieser Erkrankung zu keiner Immunisierung nach einer erstmaligen Infektion kommt, ist es wichtig, auch den Sexualpartner zu behandeln, um eine wechselseitige neue Ansteckung zu verhindern.

Hepatitis, Leberentzündung

Es gibt viele verschiedene Hepatitis-Viren: Hepatitis A, B, C, D, E. Die Symptome einer Ansteckung sind meist ähnlich und die Dauer der Erkrankung hängt von der Hepatitisform ab. Nach der Ansteckung mit einem Hepatitis-Virus kann es unter anderem zu Kopfschmerzen, Schlappheit und Gelbfärbung der Haut kommen. Die Schwere der Erkrankung und die Symptome sind abhängig vom Alter des Betroffenen und der Hepatitis-Art. Während bei Kindern die Erkrankung beinahe beschwerdefrei verlaufen kann, ist eine Erkrankung im höheren Alter wesentlich schwerer.

Die Übertragung des Hepatitis-Virus erfolgt je nach Art des Erregers über Blut und andere Körperflüssigkeiten. Auch über Kot oder Urin gelangt das Virus beispielsweise über den Mund in den menschlichen Körper. Die Ansteckung ist also auch über eine Kontakt- oder Schmierinfektion möglich. Drogenabhängige Personen haben ein erhöhtes Risiko, sich über verunreinigte Spritzen zu infizieren. Auch durch Tätowiernadeln oder Piercings ist eine Ansteckung möglich.

Um sich vor einer Ansteckung zu schützen, gibt es bei den Hepatitisformen A und B eine Schutzimpfung. Außerdem sollte man auf Hygiene beim Trinkwasser und bei Nahrungsmitteln achten, da auch hier eine Übertragung möglich ist. Ein wichtiger Schutz ist auch hier wieder die Verwendung von Kondomen, um sich vor einer Hepatitis-Infektion zu schützen.

Wie bei Syphilis und Tripper kann eine Infektion während der Schwangerschaft und Geburt stattfinden. An Hepatitis B sterben jährlich mehr Menschen als an allen anderen sexuell übertragbaren Erkrankungen zusammen.

Genitalherpes, Herpes genitalis

Der Genitalherpes ist eine ansteckende Virusinfektion, die Nervenzellen zerstört und in Form von Bläschen auftritt.

So wie der Name schon sagt, wird Herpes genitalis hauptsächlich durch sexuellen Kontakt übertragen, jedoch ist eine Übertragung bereits während der Geburt möglich. Ein Teil der Menschen trägt Antikörper gegen Herpes-Viren in sich, somit kommt es zu keinem Ausbruch der Erkrankung. Ist man einmal mit Herpes-Viren infiziert worden, so ist ein immer wiederkehrender Ausbruch nach einer Latenzzeit (also nach einer zeitlichen Verzögerung) möglich, da die Viren lebenslang im menschlichen Organismus bleiben.

Erste Anzeichen für eine Infektion mit Herpes-Viren können bereits Fieber und Kopfschmerzen sein. Bei Herpes genitalis bilden sich Bläschen im Genitalbereich. Diese können ein Brennen und Jucken verursachen sowie Schmerzen beim Pinkeln. Bei einer oralen Infektion kann es zur Bläschenbildung im Mund- und Rachenraum kommen.

Auch diese Krankheit sollte immer medikamentös behandelt werden, um die Dauer zu verkürzen. Je nach Schwere der Erkrankung ist eine Behandlung in Salben- und Tablettenform oder als Infusion möglich.

Weicher Schanker, Ulcus molle

Die Geschlechtskrankheit Weicher Schanker wird durch ein Bakterium ausgelöst. Die Übertragung findet meist durch ungeschützten sexuellen Kontakt statt und kann wie viele andere Erkrankungen durch die Verwendung von Kondomen vermieden werden.

Erste Anzeichen einer Infektion merkt man in den meisten Fällen wenige Tage nach der Ansteckung. Symptome der Erkrankung sind zuerst Bläschen im Genitalbereich, die sich im Verlauf der Erkrankung zu Geschwüren verändern. Bei Männern findet häufiger eine Ansteckung statt als bei Frauen. Die Hautschwellungen oder Geschwüre sind meistens sehr schmerzhaft. Bei Frauen jedoch kann die Erkrankung in manchen Fällen ohne äußere Anzeichen einer Infektion verlaufen.

Die Behandlung erfolgt auch hier mithilfe von Antibiotika, jedoch findet keine Immunisierung nach Verschwinden der äußeren Symptome statt. Daher ist ein wiederkehrender Ausbruch der Erkrankung möglich, da der Erreger im Körper bleibt. Um eine weitere Infektion zu vermeiden, ist eine sexuelle Enthaltsamkeit während der Dauer der Ausheilung notwendig. Außerdem ist es bei einer Ansteckung immer ratsam, auch gleich den

Sexualpartner auf eine mögliche Infektion untersuchen zu lassen.

Kondylome, Feigwarzen

Auch bei Feigwarzen handelt es sich um eine Virusinfektion. Sie werden durch eine Infektion mit humanen Papillomviren (HPV) hervorgerufen. Die Übertragung findet eigentlich immer durch ungeschützten sexuellen Kontakt statt. Nach der Infektion kommt es zu Gewebswucherungen im Genitalbereich. Betroffene klagen meist über Jucken und Brennen und in manchen Fällen sogar über Blutungen und Ausfluss. Sogenannte flache Kondylome sind mit bloßem Auge nicht erkennbar und können nur durch diagnostische Maßnahmen erkannt werden.

Bei dieser Erkrankung können einige Monate oder sogar Jahre zwischen Ansteckung und Ausbruch der Krankheit liegen. Aus diesem Grund lässt sich meist nicht nachvollziehen, wann man sich infiziert hat, da der Zeitpunkt der Ansteckung lange Zeit vor dem Ausbruch liegt. Bei Papillomviren besteht die Gefahr einer Krebserkrankung für Frauen. Seit einiger Zeit gibt es die Möglichkeit einer Schutzimpfung, um Gebärmutterhalskrebs vorzubeugen. Als Vorsichtsmaßnahme ist es für Frauen wichtig, regelmäßig einen Krebsabstrich beim Frauenarzt machen zu lassen.

Auch hier gilt: Bei einer möglichen Infektion sollte sich auch der Partner untersuchen lassen!

Die Behandlung von Kondylomen erfolgt entweder medikamentös oder durch einen operativen Eingriff. Hierbei werden die Feigwarzen beispielsweise mit einem Laser chirurgisch entfernt.

Trichomonaden-Infektion

Bei dieser sexuell übertragbaren Erkrankung handelt es sich um eine Krankheit, die durch sogenannte Parasiten hervorgerufen wird. Typisch ist die Entzündung der Harnwege sowie der Scheide. Bei Frauen kann es zu eitrigem Ausfluss, Blutungen und starkem Juckreiz kommen. Die Erkrankung ist bei Männern meist harmloser. In schweren Fällen kommt es allerdings zu einer Entzündung der Harnblase, Prostata, Eichel, Harnröhre und der Nebenhoden. Die Erkrankung kann aber auch symptomlos verlaufen.

Bei jungen Frauen oder Mädchen, die an Trichomoniasis erkrankt sind, besteht ein erhöhtes Risiko der HIV-Infektion; bei schwangeren Frauen kann eine Fehlgeburt auftreten.

Die Ansteckung erfolgt über sexuellen Kontakt, aber auch eine Schmierinfektion durch die gemeinsame Benutzung von Handtüchern ist möglich.

Eine Trichomonaden-Infektion ist durch einen Abstrich mikroskopisch feststellbar. Zur Ausheilung ist eine antibiotische Behandlung, sexuelle Enthaltsamkeit und die Mitbehandlung des Partners notwendig.

Trichomoniasis zählt zu den am weitesten verbreiteten sexuell übertragbaren Krankheiten und auch hier kann einer Infektion durch Safer Sex vorgebeugt werden.

Chlamydien-Infektion

Die Erkrankung meldet sich durch eine Entzündung der Harnröhre, Jucken, Brennen, Probleme beim Wasserlassen – verbunden mit starkem Harndrang – und eitrigem Ausfluss. Bei Männern ist zusätzlich eine Entzündung der Nebenhoden und der

Prostata möglich. Bei Frauen besteht die Gefahr, dass es zur Entzündung der Eileiter oder der Eierstöcke kommt. Das kann im schlimmsten Fall zu Unfruchtbarkeit führen.

Die Übertragung der Chlamydien findet durch eine Kontakt- oder Schmierinfektion statt. Diese kann beim ungeschützten Geschlechtsverkehr oder auch während der Geburt eines Kindes vorkommen. Eine weitere Vorbeugungsmaßnahme neben der Verwendung von Kondomen ist ein hoher Hygienestandard, vor allem bei Auslandsaufenthalten. Die Erkrankung an Chlamydia trachomatis kann durch einen Zellabstrich nachgewiesen werden. Während des Krankheitsverlaufes können Augenentzündungen und Gelenksschmerzen als Nebenerscheinungen auftreten. Weiter besteht bei einer Chlamydien-Infektion ein erhöhtes Risiko einer HIV-Ansteckung

Behandelt wird auch diese Erkrankung durch Antibiotika. Während der Zeit sollte der Betroffene sexuell enthaltsam leben. Da es sich bei Chlamydia trachomatis um eine höchstinfektiöse Krankheit handelt, ist es auch hier sehr wichtig, den Sexpartner behandeln zu lassen.

Mykoplasmen-Infektion

Eine Mykoplasmen-Infektion verursacht Entzündungen im Genitalbereich. Bei Frauen kann es zu Entzündungen der Harnwege, Eileiter und Eierstöcke, Scheide, Gebärmutter und des Gebärmutterhalses kommen. Bei Männern sind häufige Symptome: gelblicher Ausfluss, Probleme beim Wasserlassen, starker Harndrang. Bei beiden Geschlechtern kann die Erkrankung zur Unfruchtbarkeit führen. Außerdem stellt die Infektion ein Risiko für das Neugeborene dar, weil eine Übertragung während der Schwangerschaft und der Geburt möglich ist.

Der Nachweis ist durch einen Abstrich des Zellgewebes möglich. Die Behandlung erfolgt mit Antibiotikum. Wie bei anderen sexuell übertragbaren Krankheiten ist auch hier die Behandlung des Partners wichtig.

Candida-Infektion, Soor

Soor ist eine Erkrankung, die durch einen Pilz hervorgerufen wird, der die Schleimhaut besiedelt. Bei dieser sexuell übertragbaren Krankheit ist meist die Scheidenschleimhaut oder die Mundschleimhaut betroffen. Krankheitsmerkmale sind Juckreiz, Entzündungen im Genitalbereich, Verengung der Harnröhre, Entzündungen der Scheide, der Eichel und der Vorhaut.

Die Krankheit kann durch einen Abstrich festgestellt werden, mithilfe dessen anschließend eine Kultur gezüchtet wird. Die Behandlung erfolgt zum Teil durch Salben und durch intravenös verabreichte Medikamente, die die Ausbreitung des Pilzes verhindern.

Krätze

Bei Krätze handelt es sich um eine Hautkrankheit, die durch Milben verursacht wird. Die Übertragung erfolgt meist durch Körperkontakt; eine indirekte Ansteckung zum Beispiel durch die gemeinsame Benutzung von Handtüchern oder Bettwäsche ist auch möglich.

Typische Symptome während des Krankheitsverlaufes sind Brennen und Juckreiz der auftretenden Hautausschläge, die sich über den ganzen Körper erstrecken können. Der Milbenbefall wird häufig durch Hygienemangel und enge Hautkontakte begünstigt.

Bei der Behandlung müssen die Parasiten durch Salben und Ganzkörper-Bäder abgetötet werden. Außerdem ist es wichtig, ständig Bettwäsche, Kleidung und Handtücher mehrmals täglich zu wechseln.

Filzläuse

Die Filzlaus nistet sich in den Haaren – vorzugsweise in den Schamhaaren – des Menschen ein. Die Weibchen der Filzlaus legen ihre Eier in den Haaren ab. Da die Filzlaus sehr menschenbezogen ist, hat sie nach der Entfernung vom Körper kaum Überlebenschance. Typisches Krankheitsmerkmal bei Filzläusen ist ein starker Juckreiz an den gestochenen Stellen.

Die Übertragung der Filzlaus erfolgt von Mensch zu Mensch. Einerseits ist eine Übertragung durch sexuellen Kontakt möglich, andererseits kann es zur passiven Übertragung durch gemeinsam benutzte Wäsche kommen.

Um den Filzlausbefall zu bekämpfen, werden häufig Shampoos eingesetzt. Auch eine medikamentöse Behandlung kann nötig sein. Weiter ist es wichtig, mögliche Rückstände in Textilien durch Auskochen zu beseitigen, um einen erneuten Befall zu vermeiden.

Bakterielle Vaginose, Vaginitis

Bei der bakteriellen Vaginose handelt es sich um eine Infektion der Scheide, verursacht durch eine erhöhte Keimzahl. Ein typisches Krankheitsmerkmal ist der penetrant riechende Ausfluss. Weitere, eher selten auftretende Symptome können Juckreiz, Brennen und Rötungen sein. Bei schwangeren Frauen, die an bakterieller Vaginose leiden, kann es zu einem vorzeitigen Blasensprung, zu Wehentätigkeiten und zur Frühgeburt kommen.

Wie auch bei anderen bakteriellen Infektionen kann der Erreger durch einen Abstrich und mikroskopisch nachgewiesen werden.

Die bakterielle Vaginose kann durch Verabreichung von Antibiotika in Form von Tabletten oder Zäpfchen erfolgreich bekämpft werden.

Granuloma inguinale, Donavanosis

Bei Granuloma inguinale handelt es sich um eine chronische Geschlechtskrankheit, die vor allem in tropischen und subtropischen Ländern verbreitet ist.

Die Übertragung der Krankheit erfolgt über sexuellen Kontakt, vor der man sich durch das Praktizieren von Safer Sex schützen kann.

Erste Anzeichen einer Ansteckung sind schmerzhafte, juckende Knötchen im Genitalbereich, die sich im Laufe der Zeit zu Geschwüren umwandeln können. Bei der Frau kann es zur Schwellung der Schamlippen kommen. Bleibt die Krankheit unbehandelt, so kommt es im weiteren Verlauf zur Zerstörung des Gewebes. Die Krankheit kann durch einen Abstrich erkannt werden und verheilt bei frühzeitiger Erkennung narbenlos. Die Behandlung erfolgt durch die Einnahme von Antibiotika.

HIV/Aids

HIV steht für »Human Immunodeficiency Virus«, was so viel heißt wie »menschliches Immunschwäche-Virus«. Dieses Virus kann die Krankheit Aids (Acquired Immun Deficiency Syndrome – Erworbenes Immunschwäche-Syndrom) hervorrufen. Der Begriff »Aids« bezeichnet also ein spätes Stadium der HIV-Infektion.

Die Übertragung des HI-Virus geschieht meist durch ungeschützten Geschlechtsverkehr über die Schleimhäute. Knapp 90 Prozent der Infektionen werden so übertragen.

Andere Wege für das Virus, in den menschlichen Körper einzudringen, sind noch offene, auch allerkleinste Wunden, leicht verletzliche Stellen der Außenhaut oder die gemeinsame Benutzung von Spritzen unter Drogenkonsumenten. Auch durch ungenügend geprüfte Bluttransfusionen sind Menschen infiziert worden. Weltweit tragen, nach neuesten Schätzungen, rund 33 Millionen Menschen das HI-Virus in sich, von denen 95 Prozent gar nicht wissen, dass sie infiziert sind.

Im Vergleich dazu sind in Deutschland die Zahlen relativ niedrig. Bei uns leben 2008 etwa 59 000 Menschen mit HIV, davon 49 000 Männer, 10 000 Frauen sowie 350 Kinder. 9500 der Infizierten sind akut an Aids erkrankt. Seit Beginn der Epidemie vor rund 25 Jahren sind in Deutschland an die 27 000 Menschen an der Immunschwächekrankheit gestorben.

Die Besorgnis und die Vorbeugung in der Bevölkerung scheint nachzulassen, denn seit dem Jahr 2000 nimmt die Anzahl neuer HIV-Infektionen wieder zu; 2007 gab es ungefähr 2700 neue Fälle in Deutschland. Etwa drei Viertel der Infizierten sind Männer, ungefähr ein Viertel Frauen. Gut zwei Drittel aller Infektionen in Deutschland sind auf ungeschützten Sex zwischen Männern zurückzuführen. Heterosexuelle Kontakte machen 20 Prozent aus, Drogengebrauch 7 Prozent.

Während die Infektionsraten bei allen anderen gesellschaftlichen Gruppen fast gleich bleiben, steigen sie unter Homosexuellen wieder an. Die neue Sorglosigkeit hat offenbar auch mit dem Erfolg medikamentöser Therapien zu tun. Viele Betroffene setzen darauf, dass die Zahl der HI-Viren wegen der Medikamente stark sinkt, und glauben, deshalb nicht mehr so infektiös zu sein. Das ist aber ein Trugschluss. Eine andere gefährdete Gruppierung sind Migranten, die mit rund 25 Prozent der Infizierten überproportional betroffen sind. Unter Jugendlichen hat sich inzwischen herumgesprochen, dass ungeschützter Sex gefährlich sein kann.

HI-Viren können ihren genetischen Code in das Erbgut der infizierten Person einbauen. Deshalb ist eine vollständige Entfernung des Virus aus dem menschlichen Körper nicht möglich. Durch neue Medikamente konnte die Lebenserwartung und Lebensqualität von Menschen mit HIV und Aids zwar erheblich verbessert werden, doch trotz verbesserter Behandlungsmethoden führt Aids auch heute in vielen Fällen zum Tode. Ein Heilmittel gegen HIV gibt es nicht! HIV-Infizierte, die mit Medikamenten behandelt werden, leben mit dem Risiko schwerster Nebenwirkungen und der Gefahr von sozialer Ausgrenzung und Verarmung.

Die HIV Infektion bleibt oft unbemerkt und äußert sich durch grippeähnliche Beschwerden. Dies geschieht meist drei bis sechs Wochen nach der Ansteckung. In der folgenden, meist mehrjährigen Phase treten keine gravierenden körperlichen Symptome auf.

Danach kommt es zu ersten Erkrankungen, die auf ein mittelschwer geschwächtes Immunsystem zurückzuführen sind. Acht bis zehn Jahre nach der Erstinfektion kommt es zu einem schweren Immundefekt. Der geschwächte Körper wird dann mit Krankheiten nicht mehr fertig und man spricht vom Vollbild Aids.

Wenn man einer akuten Ansteckungsgefahr ausgesetzt war, kann man sofort einen Arzt aufsuchen, um eventuell eine sogenannte Postexpositions-Prophylaxe durchführen zu lassen, das heißt eine früh einsetzende Behandlung einer möglichen Infizierung. Dies muss innerhalb von 72 Stunden geschehen. Die besten Ergebnisse sind innerhalb von zwei Stunden nach dem Kontakt mit HIV zu erwarten. Die darauf folgende Therapie wird über einen Monat angewandt und besteht aus einer Kombination von mehreren Medikamenten. Diese Methode ist verbunden mit schweren Nebenwirkungen und sie ist recht teuer (über 1300,- Euro).

Frauenkrankheiten

Frauenkrankheiten sind Krankheiten, die nur Frauen haben können.

Krebsvorsorge

Ab dem 20. Lebensjahr kann in Deutschland jede Frau einmal im Jahr eine Krebsvorsorgeuntersuchung in Anspruch nehmen. Diese wird von den Krankenkassen bezahlt und von einer Frauenärztin oder einem Frauenarzt durchgeführt. Die Krebsvorsorgeuntersuchung hat das Ziel, bösartige Erkrankungen möglichst früh zu entdecken, um eine effektive Therapie durchführen zu können.

Der Begriff »Tumor« wird in der Medizin für gutartige und bösartige Gewebevergrößerungen benutzt. Deshalb spricht man beim gutartigen Tumor oft von »Geschwulst« oder »Knoten« und für bösartige Tumore verwendet man den Begriff »Krebs«. Obwohl es in Deutschland das Früherkennungsprogramm gibt, nutzt nur jede zweite Frau diese Möglichkeit der Vorsorge.

Brustkrebs (Mammakarzinom)

In Deutschland erkrankt jede zehnte Frau an Brustkrebs. Dabei wuchern in den Milchgängen und Drüsenzellen Tumore, die sich von gesunden Zellen durch unterschiedliche Größe, Form und Färbung unterscheiden. Sie können sich unterschiedlich schnell teilen und die Grenzen zum umgebenden Drüsengewebe sprengen. Innerhalb von 180 Tagen verdoppelt sich die Anzahl der bösartigen Zellen. Ehe ein Knoten in der Brust tastbar wird, hat er bereits eine lange Entwicklungszeit hinter sich. Im eigenen Interesse sollte jede Frau wachsam sein und sich regelmäßig vom Arzt untersuchen lassen.

Übrigens erkranken auch 0,5 Prozent der Männer an Brustkrebs.

Gebärmutterhalskrebs

Gebärmutterhalskrebs ist nach Brustkrebs die zweithäufigste Krebsart bei Frauen. Jährlich erkranken weltweit etwa 500 000 Frauen und mehr als die Hälfte sterben daran.

Voraussetzung für die Entstehung eines Gebärmutterhalskarzinoms ist eine Ansteckung mit krebsauslösenden Papillomviren, die durch Sexualkontakte übertragen werden. Etwa 75 Prozent aller Frauen stecken sich irgendwann in ihrem Leben mit diesen Viren an. Bei einigen entwickelt sich dann so ein bösartiger Tumor. In Deutschland ist ein Impfstoff zugelassen, durch den eine Infektion mit den krebsauslösenden Papillomviren verhindert wird.

Die Ständige Impfkommission empfahl 2007, dass sich 12- bis 17-jährige Mädchen gegen HPV impfen lassen sollen. Die Kosten werden von den Krankenversicherungen für bestimmte Altersgruppen übernommen. Mädchen sollten sich mit ihrer Ärztin beraten.

Eierstockkrebs (Ovarialkarzinom)

Bösartige Tumore des Eierstocks machen etwa ein Viertel aller weiblichen Genitaltumore aus. Nicht rechtzeitig erkannt, haben Krebszellen die Eigenschaft, sich unkontrolliert zu teilen und über die natürlichen Organgrenzen hinauszuwachsen. Das Ovarialkarzinom wächst sehr aggressiv und bildet relativ schnell Tochtergeschwülste, sogenannte Metastasen, in anderen Körperteilen. Eierstockkrebs verursacht zunächst keine Beschwerden und wird daher oft sehr spät erkannt. An ihm erkranken Frauen meist nach den Wechseljahren, vor dem 40. Lebensjahr tritt er eher selten auf. Man geht davon aus, dass der sich ständig wiederholende Eisprung eine Ursache dieser Krankheit ist. Bei der Mehrzahl der Erkrankten erfolgt die Therapie als eine Kombination aus Operation und anschließender Chemotherapie.

Brustentzündung

Eine Entzündung der Brust heißt Mastitis. Sie kann jederzeit auftreten und besonders dann, wenn eine Frau ihr Kind stillt. Dabei kommt es zu einer Rötung und Schwellung der Brustwarze oder des Milchdrüsengewebes und Fieber tritt auf. Die Brust fühlt sich gespannt an und die Lymphdrüsen in der Achselhöhle auf der entsprechenden Seite vergrößern sich. Schließlich lässt sich in der Brust der Entzündungsherd tasten und ist manchmal auch von außen sichtbar. Ohne Behandlung kann sich ein Abszess bilden.

Es gibt mehrere Ursachen für eine Mastitis. Man unterscheidet zwischen bakteriellen und nichtbakteriellen Brustentzündungen, die nicht durch Keime verursacht sind. Aus einer nichtbakteriellen Brustentzündung kann eine bakterielle entstehen.

Myome

Myome sind gutartige Tumore in der Gebärmutter. Ihre Größe schwankt von Erbsen- bis Kindskopfgröße und sie können mehrere Kilogramm wiegen. Sie sind mit kapselartigem Muskelgewebe umgeben und können innen und außen an allen Stellen der Gebärmutter entstehen. Myome wachsen aufgrund hormoneller Impulse und treten deshalb nur bei erwachsenen Frauen auf. In vielen Fällen verursachen sie überhaupt keine Beschwerden und fallen nur im Rahmen von Vorsorgeuntersuchungen auf. Sie können aber je nach Lage im Körper Beschwerden verursachen wie zu starke Regelblutungen oder Schmerzen beim Sex und sollten dann behandelt werden. Welche Behandlung am besten ist, entscheidet der Arzt individuell je nach der Untersuchung. Nach den Wechseljahren bilden sich Myome zurück.

Endometriose

In Deutschland leiden circa zwei bis sechs Millionen Frauen an Endometriose, einer chronischen Krankheit, die erst seit einigen Jahren bekannt ist. Sie äußert sich durch starke Bauch- und Rückenschmerzen, die bis in die Beine ausstrahlen, vor und während der Periode oder starke und unregelmäßige Monatsblutungen. Bei allen Vorgängen, die mit dem Unterleib zu tun haben, können die Schmerzen auftreten. Die Symptome und Folgen können vielfältig sein. So können etwa Beschwerden an den Eierstöcken, Eileitern, an Darm, Blase oder dem Bauchfell auftreten. Endometriose kann zu ungewollter Kinderlosigkeit führen.

Normalerweise kommt die Gebärmutterschleimhaut nur in der Gebärmutterhöhle vor. Bei der Endometriose wächst an anderen Stellen im Unterleib ähnliches Gewebe und wird von den Hormonen des Monatszyklus beeinflusst. Die Folge davon sind Entzündungen, die Bildung von Zysten und die Entstehung von Vernarbungen und Verwachsungen. In besonders ausgeprägten Fällen kann es zu Verklebungen zwischen den verschiedenen Organen kommen.

Selbst kleine Gewebeansammlungen können zu großen Schmerzen führen, während andere Frauen vielleicht kaum Beschwerden haben.

Je eher die Krankheit erkannt wird, desto besser kann sie behandelt werden. Dabei wird mit einem kleinen Eingriff das »überflüssige« Gewebe entfernt.

Männerkrankheiten

Auffälligkeiten am Hodensack

Krampfadern

20 Prozent der Männer haben Krampfadern am Hoden, links öfter als rechts. Die vom Hoden wegführenden Adern (Venen) können sich nämlich so erweitern, dass sie quasi durchhängen und sich der Blutfluss staut. Diese Veränderung kann man ertasten, wenn man ziehende Schmerzen in den Hoden und der Leistengegend spürt. Diese Beschwerden können operativ behandelt werden.

Veränderungen an der Hodensackhaut

Wie überall auf der Haut kann es Veränderungen an der Hodensackhaut geben. Dabei handelt es sich um Muttermale, Warzen oder akute allergische Reaktionen auf Pilzerkrankungen oder Parasiten. Eine Besonderheit ist die mögliche Veränderung der Talgdrüsen, die sich verdicken und größere Knoten bilden können. Das ist nicht gefährlich, aber aus ästhetischen Gründen kann man die Knoten wegoperieren lassen.

Hodenentzündung (Orchitis)

Ausgelöst wird eine Hodenentzündung durch eine von Bakterien oder Viren verursachte Infektion. Weil die Hodenentzündung meist eine Begleiterkrankung ist, machen sich die Symptome erst einige Tage nach dem Beginn der Grundinfektion bemerkbar. Die Erreger wandern vom ursprünglichen Infektionsort über das Blut zu den Hoden. Brennende Schmerzen beim Wasserlassen, häufiger Harndrang oder Blut im Urin sind Anzeichen dieser Erkrankung. Die Hoden sind geschwollen und man hat starke Schmerzen und hohes Fieber.

Eine Hodenentzündung kann eine Begleiterscheinung von Mumps sein. Andere auslösende Krankheiten sind Tripper, Syphilis oder Verletzungen. Die Symptome halten meist über eine Woche an.

Nebenhodenentzündung

Die Nebenhoden sind die Verbindung von den Hoden zum Samenleiter. Die Spermien werden in den Nebenhoden gespeichert und reifen dort. Eine Entzündung der Nebenhoden hat deshalb immer Auswirkungen auf die Zeugungsfähigkeit des Mannes und tritt immer erst nach der Pubertät auf.

Die Krankheit wird bei jüngeren Männern meist durch Chlamydien oder Mykoplasmen ausgelöst, wobei die Ansteckung mit den Keimen durch sexuelle Kontakte erfolgt. Die Infektion kann ursprünglich ein nicht richtig ausgeheilter Harnwegsinfekt oder eine Prostataentzündung bewirkt haben. Von dort wandern die Keime weiter und infizieren die Nebenhoden.

Die Entzündung bewirkt starke Schmerzen, eine Schwellung des Nebenhodens und sehr hohes Fieber.

Von Ärzten wird empfohlen, jeden Harnwegsinfekt und jede Entzündung der Prostata medikamentös behandeln zu lassen. Auf diese Weise werden Bakterien und andere Keime gleich abgetötet und ein Übergreifen auf die Nebenhoden wird verhindert. Wenn die Krankheit chronisch wird, besteht die Gefahr, dass sie nicht mehr mit einem Antibiotikum behandelt werden kann und ein Nebenhoden entfernt werden muss.

Wasserbruch

Innen zwischen dem Hodensack und den Hoden gibt es Stellen, die sich mit Flüssigkeit füllen können. Solche Erscheinungen können angeboren sein oder nach Entzündungen und Verletzungen auftreten und machen sich durch ein Schweregefühl oder Druck bemerkbar. Wenn keine offensichtlichen Beschwerden wie Schmerzen auftreten, muss auch nicht operiert werden.

Hodentrauma

Die Hoden – das weiß jeder Mann – sind ein sehr empfindlicher Körperteil. Eine Prellung oder ein Tritt kann unglaubliche Schmerzen auslösen und zu einer Verletzung des Hodens oder seiner Blutgefäße führen. Bei länger andauernden Schmerzen sollte man unbedingt zu einem Urologen gehen, der durch eine Ultraschalluntersuchung feststellen kann, ob eine ernsthafte Verletzung vorliegt. Unter Umständen muss operiert werden, um zu verhindern, dass der Hoden verkümmert oder nicht mehr funktionsfähig ist.

Verdrehung der Hoden

Manchmal verdreht sich ein Hoden durch eine ungeschickte Bewegung oder im Schlaf, sodass die Blutgefäße abgeschnürt werden und der Hoden nicht mehr richtig durchblutet ist. Das passiert eher jüngeren Männern und ist mit einem schneidenden Schmerz verbunden. Innerhalb weniger Stunden muss die Verdrehung operiert werden, damit der Hoden keinen Schaden nimmt.

Hodentumor/Hodenkrebs

Etwa jeder dreitausendste Mann erkrankt zwischen dem 20. und 40. Lebensjahr an Hodenkrebs. Dabei haben die meisten der betroffenen Männer eine schmerzlose Schwellung eines Hodens und können eine harte Zone am Hoden selber ertasten. Bei jeder Verhärtung oder Vergrößerung eines Hodens sollte deshalb sofort ein Urologe befragt werden, denn die Heilungschancen eines Hodentumors sind bei einer Früherkennung gut.

Hämorriden

Hämorriden hat jeder Mensch. Dabei handelt es sich um die Blutgefäße, die innerlich um den Enddarmausgang liegen und die Aufgabe haben, dem Schließmuskel beim Schließen zu helfen. Hämorriden selbst sind nicht schmerzhaft, können aber zu vielerlei Beschwerden führen.

Wenn ein hoher Innendruck die zarten Blutgefäße zu stark ausweitet, können sie sich nicht mehr ausreichend zusammenziehen und leiern sozusagen aus. So ein Druck entsteht bei einer faserarmen Ernährung, chronischer Verstopfung oder zu starkem Pressen beim Stuhlgang.

Aber es gibt unterschiedlichste Auslöser von Beschwerden in diesem Bereich. Manchmal ist die Erkrankung erblich bedingt, oft gibt es aber auch andere Ursachen wie beispielsweise Schwangerschaften oder eine schwere Geburt bei Frauen, der längere Gebrauch von Abführmitteln oder chronischer Durchfall. Weitere Ursachen können Übergewicht sein, ungewohnte körperliche Anstrengungen, extremer Alkohol- und Kaffeegenuss oder scharfe Gewürze. Dann kommt es vor, dass die Hämorriden jucken oder Schmerzen verursachen, weil sie sich vergrößert haben. In fortgeschrittenen Fällen treten sie beim Pressen aus dem Anus heraus. Auf jeden Fall sollte man nicht selbst rumdoktern, sondern einen Arzt aufsuchen. Bei Nichtbehandlung verschlimmern sich die Beschwerden und die Schwächung der Gefäße schreitet voran.

Allerlei Wissenswertes und Überflüssiges

Jedes Jahr erscheint der Durex-Report, dessen Ergebnisse dann in vielen Zeitschriften und Magazinen veröffentlicht werden, wie Spiegel, Focus und Ähnliche. Einige Dinge, die gefragt werden, sind interessant, andere skurril – hier eine Auswahl von unterhaltsamen, anregenden und aufschlussreichen Fakten.

*   Rund 60 Prozent der Bundesbürger hatten schon mal Sex an öffentlichen Plätzen.

Und was ist mit Porno?

*   56 Prozent der Deutschen meinen, das Fernsehen bietet genau die richtige Menge an Sex. 27 Prozent sagen, das Angebot ist zu groß; die Hälfte der befragten Männer und Frauen befürworten richtige Pornos auf Pay-TV-Sendern.
*   19,3 Prozent würden in einem Porno mitmachen, für den privaten Filmeabend wären fast 50 Prozent bereit, sich beim Sex filmen zu lassen. Das waren allerdings *Wa(h)re-Liebe*-Zuschauer, die per Internet befragt wurden.

Swinger

In Deutschland gibt es schätzungsweise 600 000 aktive Swinger.

Wie oft?

- Deutsche Männer und Frauen sind in Sachen Sex vergleichsweise genügsam. Jeder Fünfte (genau 20 Prozent) ist mit weniger als einem Mal pro Woche zufrieden.
- Weitere 28 Prozent halten einmal wöchentlich für angemessen.
- Nur 4 Prozent haben täglich Sex.
- Jeder Zweite der befragten Amerikaner und anderen Europäer (51 Prozent) braucht mindestens zweimal pro Woche Sex.
- Bei den Deutschen sind das nur 37 Prozent.
- 7 Prozent der Deutschen sind erst dann sexuell zufrieden, wenn sie mindestens fünfmal pro Woche mit ihrer Partnerin oder ihrem Partner verkehren.

Wo gibt es die besten Lover?

- Südländisches Temperament steht bei der Frage hoch im Kurs, in welchem Land es wohl die besten Lover gibt.
  18 Prozent von 916 befragten Deutschen nannten die Italiener, weitere 17 Prozent die Franzosen und 6 Prozent die Spanier als beste Liebhaber.
- Franzosen sind mit 137 Akten pro Jahr mit am aktivsten; die Deutschen treiben es gut hundertmal per anno.

Was ist mit der Treue?

- Die Deutschen geben sich vergleichsweise treu. 42 Prozent halten einen Seitensprung für unverzeihlich.

- Bei allen Befragten der Westeuropäer liegt dieser Wert bei 39 Prozent.
- Untreue ist nur bei 6 Prozent der Deutschen »normalerweise verzeihlich«.
- Nur 2 Prozent der deutschen Männer und Frauen nennen einen Seitensprung »immer verzeihlich« – international sind es 5 Prozent.
- Beim Thema Fremdgehen sind die deutschen Frauen deutlich weniger nachsichtig (48 Prozent) als die Männer (25 Prozent).
- Jeder dritte Mann hat seine Frau schon betrogen.

Wie ist der Umgang mit Homosexuellen?

- Im Vergleich zu anderen westeuropäischen Staaten ist die Toleranz gegenüber homosexuellen Menschen in Deutschland unterdurchschnittlich ausgeprägt. Jeder dritte Deutsche beklagt, dass der gleichgeschlechtlichen Liebe zu viel Verständnis entgegengebracht wird.
- Im westeuropäischen Schnitt ist es nur jeder Vierte.
- Immerhin 39 Prozent der Deutschen halten das Toleranzlevel für angemessen.

Und wie finden das die Eltern?

Bei der Einstellung zum Thema Sex ist der Einfluss der Eltern in Deutschland noch vergleichsweise groß.

- 37 Prozent der Deutschen nannten die Eltern (Gesamtstudie 25 Prozent), gefolgt von den Freunden mit 33 Prozent.

- Der Einfluss der Medien ist dagegen mit nur 15 Prozent vergleichsweise gering (Gesamtanteil: 27 Prozent).

Wer guckt auf was?

- 28 Prozent der Männer finden die Augen am attraktivsten an Frauen, vor Brüsten und Hintern.

Was man sonst nicht noch unbedingt wissen muss:

- Jede dritte Frau hat Erfahrungen mit einer Frau.

Verhütung

- Auf die Frage: Hatten Sie in den letzten zwölf Monaten ungeschützten Verkehr mit einem neuen Partner, antwortete jeder Fünfte (20 Prozent) mit Ja und sogar 26 Prozent der 16- bis 20-Jährigen!

Weltweite Umfrage unter 350 000 Beteiligten:

- Das »erste Mal« durchschnittlich im Alter von 17,7 Jahren!
- Erster Sex bei Deutschen mit 16,6 Jahren
- 10,5 Sexpartner im Leben durchschnittlich
- Deutsche 8,7 – Brasilianer 15,2 – Italiener 10,3 – Chinesen angeblich 19,3 Sexpartner im Leben (durchschnittlich)
- 31 Prozent der Paare schauen gemeinsam Pornos!

- 29 Prozent der Deutschen benutzen Sextoys, 41 Prozent der Amerikaner und 56 Prozent der Isländer!
- Die Erektion hält durchschnittlich 17,2 Minuten.
- Vor 20 Jahren hatten 23 Prozent der Heterosexuellen Erfahrungen mit Analverkehr, heute sind es doppelt so viele.
- Verheiratete Deutsche haben 104-mal im Jahr Sex, ohne Trauschein 138-mal.
- Männer haben 10,2 Sexpartner im Leben, Frauen 6,3.
- 39 Prozent der Frauen finden die Persönlichkeit des Mannes am wichtigsten, 33 Prozent der Männer ist das Aussehen der Partnerin am wichtigsten.
- Bei Erregung sind die Hoden rund 50 Prozent größer als im Normalzustand.
- 44 Prozent der deutschen Männer sagen: Sex ist die schönste Nebensache der Welt. Und die anderen?
- Die meisten Männer bekommen bei einem Duftmix aus frisch gebackenem Kuchen und Lavendel eine Erektion – zum Kaffee bei Oma?
- Mehr als die Hälfte der Männer denken mindestens einmal am Tag an Sex, aber nur 19 Prozent der Frauen.
- Die Samenqualität lässt nach, wenn man selten Sex hat.
- 51,4 Prozent von 5.400 Befragten lehnen Silikonbrüste ab.
- Männer über 1,83 Meter sind erfolgreicher bei der Partnersuche als kleinere Männer. Bei Frauen ist es umgekehrt: Frauen mit einer Größe unter 1,58 Meter haben mehr Glück bei der Partnersuche als Frauen über 1,62.
- 70 Prozent der Frauen in Deutschland würden ihren Mann noch mal heiraten, ein Drittel wünscht sich eine aufregendere Partnerschaft, jede Vierte meint: Mehr Sex wäre ganz gut, aber 59 Prozent sagen auch: Ich habe ein abwechslungsreiches und erfülltes Sexleben.

- Mit Humor kann man eine Frau am leichtesten verführen, denn die meisten Frauen lachen gerne, bevor sie anfangen zu küssen. Das gilt aber auch für Männer. Für die meisten ist Humor wichtiger als guter Sex. Laut einer Umfrage bevorzugen 55 Prozent, mit der Liebsten wild zu wiehern, statt die Laken zu zerwühlen. Fast drei Viertel meinen, dass der Sinn für Humor bei einer Frau genauso wichtig ist wie das Aussehen. Immerhin können sich aber auch 39 Prozent in eine humorlose Frau verlieben. Also, ich finde es scharf, beides miteinander zu verbinden: vor Lachen aus dem Bett fallen – das ist das Größte.
- 38 Prozent der Deutschen haben die Reiterstellung am liebsten.
- 43 Prozent der Frauen klagen über chronische sexuelle Probleme.

Empfehlenswerte Internetseiten

www.lilli.ch Eine Seite für junge Frauen und Männer. Hier kann man fast zu jeder Frage eine Antwort finden. Das Präventionsprojekt Lilli bietet jugendlichen und jungen Frauen und Männern anonyme Online-Beratung, Informationstexte, Links und Adressen zu Sexualität, sexueller Gewalt, Beziehungsgestaltung, Männlichkeit, Weiblichkeit, körperbezogenen Themen, Selbstentwicklung, Verhütung und sexuell übertragbaren Krankheiten.

www.bravo.de/ Bei »Dr. Sommer« auf der Homepage der Zeitschrift *Bravo* gibt es viele interessante Dinge rund um Körper und Sex.

www.gyn.de/ ist ein interessantes Portal für Mädchen und Frauen.

www.profamilia.de Deutsche Gesellschaft für Familienplanung, Sexualpädagogik und Sexualberatung e.V. Auf der Seite gibt es eine Menge zu Verhütung, Schwangerschaft und Elternschaft und zum Umgang mit Sexualität.

www.machsmit.de Die Seite der Bundeszentrale für gesundheitliche Aufklärung (BZgA), die sich für den Geschlechtsverkehr mit Kondom starkmacht.

www.netdoktor.de/ Hier findet man unter der Rubrik »Sexualität« allerlei Antworten auf Fragen – und auch Foren, in denen Fragen diskutiert werden.

http://www.intersex-forschung.de/links.html Die Hamburger Forschungsstelle erforscht Intersexualität und bietet auch Beratung an.

Beratungsstellen

www.caritas.de

www.diakonie.de

www.profamilia.de

www.kinderschutzbund.de

www.sexwörterbuch.de

www.deutsche-aidshilfe.de

www.schwangerschaftsberatung.de

www.Drgay.de

www.von-mir-aus.de

www.caritas-ms.de

www.kids-hotline.de

www.bke.de (Bundeskonferenz für Erziehungsberatung)

www.Youth-life-line.de

www.bke-elternberatung.de

Österreich

www.noe.orf.at

www.kinderfreunde.cc

www.austria-internet.at/jugendberatung

www.kontakte.at

www.allesklar.at

www.ausländer.at

Schweiz

www.lotse.zh.ch

www.kidscorner.ch

www.achtungliebe.ch

www.tour-de-suisse.ch

www.kinderschutz.ch

www.hotfrog.ch

www.allesklar.ch

Wie kann Lernen gelingen?

Wir müssen Lernende endlich LERNEN lassen. Wir alle haben die angeborenen Fähigkeiten dazu! Nutzen Sie also die natürliche Arbeitsweise Ihres Gehirns, statt sie zu bekämpfen. So gewinnen alle – Lernende und Lehrende. In dem Buch zeigt Vera F. Birkenbihl, Autorin zahlreicher Bücher zum Thema Lernen, wie LERNEN mühelos gelingen kann. Die Management-Trainerin und Leiterin des Instituts für gehirn-gerechtes Arbeiten,

112 Seiten, Taschenbuch
ISBN 978-3-636-07251-1

Vera F. Birkenbihl, gehört zu den Erfindern von Infotainment, lange bevor es dafür einen Begriff gab (sie nennt das „gehirn-gerecht"): Ihr KERN-THEMEN-BEREICH ist bereits seit Ende der 1960er Jahre „gehirn-gerechtes" Arbeiten und Zukunftstauglichkeit. Die Gesamtauflage ihrer Bücher und DVDs liegt bei über 2 Millionen.

Kontern für Kids

Unsere Zeit ist auch für die Kids gnadenloser geworden: Jedes 5. Kind in Deutschland hat bereits einen Schulkameraden so heftig geschlagen, dass er ärztlich behandelt werden musste. Kinder sind in Schule und Freizeit oft schlimmen Hänseleien ausgesetzt. Es gibt immer Großmäuler und Rädelsführer, die die Schwächen anderer ausnutzen und sie verbal richtiggehend fertigmachen. Viele Kinder gehen mit Angst zur Schule. Ihre einzige Strategie ist, zuzuschlagen oder zu schweigen und Narben auf der Seele davonzutragen.

180 Seiten, Broschur
ISBN 978-3-636-06358-8

Matthias Pöhm will hier Abhilfe schaffen und hat speziell für Kinder Strategien entwickelt, wie sie anderen zeigen: Achtung! Ich kann kontern!

Bestellung per
Tel: (++ 49) 0 81 91-9 70 00-258
Fax: (++ 49) 0 81 91-9 70 00-198
E-Mail: bestellung@mvg-verlag.de
www.mvg-verlag.de

mvg Verlag
... Lust auf Leben!

www.mvg-verlag.de

Bettlektüre der besonderen Art...

Wie schreibt man am besten eine Liebesbotschaft auf ein gekochtes Ei? Wie kann ein ganz normaler Küchenwecker den Sex prickelnder machen? Haben Sie schon einmal einen Eiskuss bekommen? Wussten Sie, dass auch warmer Tee für ganz neue Empfindungen sorgen kann?

In ihrem Lexikon der Leidenschaft gibt Ilse Nackaerts Ihnen ausgefallene und pikante Anregungen für jeden Tag – und jede Nacht ...

ILSE NACKAERTS

Liebe von A bis Z

FÜR MEHR ROMANTIK UND LEIDENSCHAFT

280 Seiten, HC mit Schutzumschlag
ISBN 978-3-636-06350-2

Das ideale Buch für jeden Nachttisch: Lassen Sie sich inspirieren!